藏书

珍藏版

二十四史

精编

赵文博 主编

贰

辽海出版社

目　录

后汉书

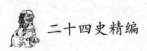

三国志

后

汉

书

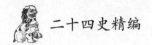

《后汉书》概论

　　《后汉书》是继《汉书》之后，我国古代第二部纪传体的断代史书，共一百二十卷，包括本纪十卷，列传八十卷，志三十卷，主要记述东汉建武元（25）至献帝建安二十四年（220）一百九十六年的历史，在我国史学史上占有重要的地位。

一

　　《后汉书》作者为范晔。范晔，字蔚宗，小字砖，出身仕宦之家，多才多艺。范晔的仕途是随着父亲范泰投效刘裕开始的。晋义熙十四年（418），刘裕还彭城，受命相国宋公，范晔任为相国掾，不久，又投刘裕第四子义康幕府。刘裕代晋后，封义康为彭城王，进号右将军。范晔先在义康部下任冠军参军，又随转任右军参军，历时四年左右，入朝补尚书外兵郎。宋文帝即位，父亲范泰解国子祭酒职，致仕，乘轻舟游东阳，不问朝事。两年后，文帝杀徐羡之等，朝政稳定，范泰再度入朝做官，因他是刘裕的旧臣，文帝备加优待礼遇。考虑范晔有脚疾，文帝特地准许他乘舆宴见。此时，刘义康改任荆州刺史。范晔再度投为义康部下，任荆州别驾从事史，受到刘义康的厚遇。不久，范晔被朝廷召为秘书丞。范晔三十一岁时，父亲去世，范晔以丁忧去职。两年后，复官，到征南大将军檀道济手下任司马，领新蔡（治今河南新蔡）太守。檀道济是战功卓著的北府名将。元嘉七年（430），北魏军逼近滑台（今河南滑县），文帝加道济为都督征讨诸军事，率众北伐。范晔刚刚过了两年居忧的闲散生活，很难立即适应征战之苦，听到北伐之令下，声称患有脚疾不便行军，文帝不许，但照顾他乘船负责由水路运送队伍和军械。北伐军回师后，范晔调任彭城王义康手下为司徒从事中郎。这时的义康已入朝为司徒，录尚书事，又领平北将军，南徐州刺史，与王弘共辅朝政。义康是皇族，所以王弘凡事推辞，形成义康一人专揽朝政之势。范晔这次回义康手下任职已是第三次，相互间的关系自然又增进了一层。不久，范晔升任尚书吏部郎。元嘉九年（432），受其父范泰"好酒，不拘小节"的影响，而又远不如范泰练达的范晔，闯下一场大祸：这年冬天夜晚酣饮，醉后开北窗听义康之母下葬之前的挽歌为乐，事情被义康知道，大怒，贬范晔为宣城太守（今安徽宣城）。这件意外的灾祸，便成为范晔一生事业的转折。在宣城太守任上，他郁郁寡欢，乃转而从事自己所热爱的历史研究。

范晔纵观历代诸家所写的东汉史书，总觉得不够满意，或剪裁不当，或疏误甚众，或干涩乏味，或体例不周，因而他决心发愤撰写，著述一部具有独特风格、超过前人的东汉史。时年三十五岁的他，开始了《后汉书》的撰写。

约在元嘉十七年（439）时，范晔调任始兴王刘濬（宋文帝第二子）部下为后军长史，领下邳（今江苏睢宁西北）太守。范晔由后军长史升任左卫将军，与右卫将军沈演之同掌禁军，参预机要。元嘉二十一年（444）范晔任太子詹事。次年，他被人告发说参加了孔熙先等人谋立刘义康为帝事，以谋反罪被处死，时年四十八岁。他死后，《后汉书》"志"尚未完成。今本《后汉书》的十志，是南朝梁刘昭在为范书作注时，因范晔生前曾赞扬过晋人司马彪的《续汉书》，遂将其中的八志，分为三十卷，加以注释增补，附入范书之中。起初两书各自单行，至北宋真宗乾兴元年（1022），判国子监孙奭奏请把两书校勘合刻，至此两书始合为一书。

二

范晔所生活的时代，距后汉的灭亡已有二百余年，他编写《后汉书》的主要史料来源为前人的著述。关于东汉一代的历史，在《后汉书》之前，已经有不少人撰写，范晔以《东观汉记》为基础，博采众书，斟酌去取，自订体例，写成《后汉书》。《后汉书》是一部具有独特风格的一家之作，立意超过以往记后汉历史的诸家之作。

在体例方面，范晔比较了纪传体和编年体——即他所称《春秋》的长短，指出了《春秋》的短处，这在当时是很大胆的。比较的结果，他拟以班固《汉书》为范本。范晔对全书事前有周密的安排，原计划是十纪、十志、八十列传，合为一百篇以与班固的《汉书》相应。但范晔只完成了十纪，八十列传，十志则托付给谢俨撰作，将要完成时，遇范晔被杀，文稿皆散佚。范书的本纪、列传虽承袭了《史记》、《汉书》体例，但是也有他的创新。范晔这一改变是有他的根据和用意的。因为，东汉自和帝以后，当皇帝的都是十岁左右的小孩，雏子无知，政权往往掌握在太后和外戚手中，太后临朝听政习以为常，所以将皇后列入本纪，是反映了东汉时期这一历史特点的。刘知几对此颇不以为然，认为皇后只应称传而不能称纪。其实《皇后纪》始自华峤《后汉书》，范晔只是根据史实要求，采用华峤的体例而已，这正符合史家变通之旨，是无可厚非的。

在本纪中，范晔继承和发挥了司马迁的附记方式。

范晔也将在位短暂、史事不多，独为一卷内容太少的皇帝，与前任皇帝合为一卷。例如殇帝刘隆，即位时还在襁褓之中，在位仅八个月，无事迹可记，遂附于《和帝纪》卷中。另将年幼、在位时间不长的冲帝、质帝与顺帝合为一卷。

《列传》是《后汉书》主要组成部分。《后汉书》列传目录有名有姓的达五百余人，超过《史记》、《汉书》的数目。这样，对如何剪裁安排这些史料，使其简明而又周密，脉络清晰而又不遗漏重要史实，范晔也有创新。从全书来看，对一些无关大局的人物，即便是身居高位的王侯卿相，也不单独立传，只散见各纪、传。相反，对地位虽不高，但于社会历史有一定影响的人物，则单独立传。由此，可见对各个传记人物，范晔是经过刻意斟酌、悉心核订的。

人物传记大多以类相从，即将人物才学、品德、事迹相同或类似者，共列为一卷。如邓禹、寇恂都不仕王莽、更始，而投奔刘秀，共为一卷；将割据称帝王的王郎、刘永等八人合为一卷；郭泰、符融、许昭以清高有人伦之鉴、知名当世而合为一传等。范书列传中也多用附记方法记载同类人物，有的人虽记载不多，但多叙其姓氏籍贯，如《来歙传》记述了共同谏废太子的郑安世等十七人履历。范晔除继承原有的儒林、酷吏、循吏等类传外，还新创了《党锢》、《宦者》、《文苑》、《独行》、《方术》、《逸民》、《列女》七个类传，充分反映了东汉历史的变化和特点。而《列女传》，是纪传体史书中的创举。它把社会上有才学和品德修养好的妇女，列入史册，用专传记载下来，这的确很有意义。范晔为妇女立专传，在很大程度上是突破了封建思想的束缚的，弃富安贫的鲍宣妻、事婆母至孝的姜诗妻，女史家班昭、孝女曹娥、女文学家蔡文姬等的事迹，就是因为《列女传》而保存下来。范晔将蔡文姬收入《列女传》，多为后来的封建文人所讥诮，认为蔡文姬几次改嫁，是不应当列入的。蔡文姬先嫁卫仲道，后没于匈奴而归左贤王，为曹操赎回以后，再嫁给董祀为妻。殊不知范晔设立这个类传，不是专为表彰节烈，而提出要"搜次才行尤高秀者，不必为专一操而已"。

《后汉书》还为少数民族立了六个列传，即东夷、南蛮西南夷、西羌、西域、南匈奴、乌桓鲜卑，不仅包括了当时的各个主要民族，还记载了四周与东汉王朝关系密切的国家，保存了少数民族和中外关系的大量史料。

范氏《后汉书》的特点之一是在每篇纪或传之后著以评论，有的传前撰有小序，各篇之后均缀之以赞。"序"为立传的宗旨和类传之纲。《后汉书》蹬《皇后纪》和孝子、处士、党锢、循吏、酷吏、宦者、儒林、独行、方术、逸民、列女、东夷、西羌、西域诸传均作序，共十五篇。序作为一种史书体例，是由司马迁首先采用的。范晔沿袭这一体例，有其独到之处。大体说来，《后汉书》序的用意有三：一是概述事物的渊源流变。二是指出了立类的标准。三是说明序论的依据。范晔的理论依据主要是儒家经典，尤其是孔子语录。

"论"大多是借古喻今，评论时政和人物的得失，为正史纪传所必备的体例。《后汉书》有论一百二十一篇，凡一万五千八百余言。这是范晔史论的主要部分。范晔自认为全书最精彩的部分是列传的序论。如《党锢》、《宦者》的论都是著名的史论文章，不仅内容上有其独到的见解，而且文笔豪放畅达，气势磅礴。在运用儒家道德，评论历史人物的是非时，范晔是鼓吹仁义、崇尚忠信、表彰气节的。范晔作论，是有论则发，无论则缺，不求勉强发论，像孝子、循吏、文苑、独行、列女五传没有论。而每卷论作几篇，则视具体情况而定。如《皇后纪》和邓寇、桓丁两传各有三篇论，《隗嚣公孙述传》以下二十卷各有论两篇，其余六十二卷各有论一篇，这就使论在运用上较为灵活。

"赞"是对该人物的评价。魏晋以前修史，本不作"赞"。"赞"作为纪传体史书的一种体例，是由范晔首创的。《后汉书》赞九十篇，三千二百六十四字。范晔修赞，沿用《春秋》笔法，一字一句皆作褒贬，或直言，或隐喻，字里行间反映出范晔对历史人物、事件的一些具体看法。在"赞"中，范晔都很注意揭示每个人物的性格特征。如赞梁商父子，则说："商恨善柔，冀遂贪乱。"像这样的赞语，在《后汉书》中所占比重很大。《后汉书》的"赞"这种体例一经创立，便得到一些史家的推崇和采用。萧子显、李百药撰南、北齐书，唐修《晋书》，都采用了这一体例。

范晔史学思想的基本内容，就是通过上述三种史论形式反映出来的。总而言之，在历史观方面，他既认为"天"、"命"对社会的变革起决定作用，也承认英雄人物对历史的进程有重大影响，不过所谓"天"、"命"指的是历史所趋、民心所向的社会政治形势。在政治方面，他向往"仁政"，反对暴政，在道德观方面，他作为封建传统道德的拥护者，尽管有个别超脱之处，但终究还在宣扬"仁"、"德"、"孝悌"、"忠贞"、"信义"那套儒家行为规范，并把它作为评价历史人物的重要理论根据。在人物评价方面，他能够遵循历史事实，对每一类或每一个传记人物，进行具体的分析，指出其社会地位和作用，这同其他封建史家相比较，可以称得上"立论持平，褒贬允当"。

范晔在《后汉书》中，还将东汉时代有较高价值的文学、政治、经济方面的文章整篇的或摘要载于有关人的传中。如崔寔的《政论》、桓谭的《陈时政疏》、王符的《潜夫论》中的五篇、仲长统《昌言》之《理乱》、《损益》及班固的《两都赋》、张衡的《二京赋》、《四愁诗》等，均载入本人传内。另外，《后汉书》保留了不少先秦史料。《后汉书》虽为断代史，但范晔在许多列传的序、论、赞中，往往打破体裁限制和朝代束缚，征引了不少先秦史料。如《竹书纪年》为晋代发现的战国时魏国的史书，其中记事多与《史记》及儒家所传的六艺不同，所以当时不受重视，很少有人引用。范晔在《东夷》、《西羌》等列传的序论中，大量征引《竹书纪年》这部已失传的先秦古籍上的有关资料。

大量收集歌谣也是《后汉书》的一大特点。《后汉书》采用的歌谣，涉及面很广，大多是反映当时社会问题的。

《后汉书》的文学成就也非常高。范晔在狱中自知将不久于世的时候，给他的诸甥侄写了一封信，表达了他对于已有的各史书和他所著的《后汉书》的看法，特别着重在文学方面，这封信被后人看成为《后汉书》的自序。他说："文患其事尽于形，情急于藻，义牵其旨，韵移其意。"又说："情志所托，故当以意为主，以文传意，则其旨必见；以文传意，则其词不流。然后抽其芬芳，振其金石耳。"从文学方面看，《后汉书》是达到了这个要求的。所以他说："吾杂传论皆有精意深旨，既有裁味，故约其词句。至于《循吏》以下及六夷诸序论，笔势纵放，实天下之奇作。"

对于范晔的《后汉书》，历代有许多评论，其中绝大多数是给以肯定的评价。梁刘昭说："范晔《后汉》，良跨众氏"，认为范书超过前人。唐朝刘知己说："范晔之删《后汉》也，简而且周，疏而不漏，盖云备矣；"又说："观其所取，颇有奇功。"刘知己作为史评家，对诸史多所挑剔，对范书来说这是很高的评价了。清代学者王鸣盛，更是对范晔及其《后汉书》备加推崇。的确，《后汉书》结构谨严，内容丰富，文辞优美、流畅，叙事简洁，笔势纵放，时有新意，故此书一出，大家争相传诵，除了袁宏《后汉书》外，在他之前各家后汉书便逐渐销声匿迹，至于亡佚。其后梁萧子显复著《后汉书》一百卷、王韶作《后汉林》二百卷亦皆未能传世。这个事实足以证明，范晔的《后汉书》必有其过人之处，有其存在的价值。在今天，它已成为我们研究东汉历史最重要的一部史书。

《后汉书》虽有诸多的优点和长处，但不可避免也存在不少缺点和错误，主要有如下三点：

第一，史实有遗漏和错误。《许慎传》仅有三行八十五字，记事过简不全。第二，《后汉书》指导思想的另一消极方面，是在类传中有宣扬封建道德和迷信荒诞的内容。《列女传》中记班昭作《女诫》七篇，宣扬妇女要遵从三从四德；曹娥、叔先雄二人的父亲都是坠江溺死，她们也投水自杀，是宣传"孝"，荀采的丈夫死，父要她改嫁，她不从，自缢死，这是宣扬"一女不嫁二夫"的封建"贞节"观念。在《方术传》中范晔记述了大量荒诞的鬼神迷信之事，反映了作者的唯心主义思想。第三，黄巾起义领袖无传。而范晔对东汉末年黄巾起义这个重大历史事件，竟不立专传记载，仅在灵帝纪及皇甫嵩等传中有零星记述，开了不为农民起义领袖立传的恶例。

总而言之，《后汉书》虽然在指导思想上和文字上都有一些不足之处，但作为一部纪传体断代史，是远远超过同类其他著作的，是继《史记》、《汉书》及《三国志》问世之后的又一杰出的史学著作。

政　略

刘盆子称帝

初，赤眉过式①，掠盆子及二兄恭、茂，皆在军中。恭少习《尚书》，略通大义。及随崇②等降更始③，即封为式侯。以明经数言事，拜侍中，从更始在长安。盆子与茂留军中，属右校卒史刘侠卿，主刍牧牛，号曰牛吏。及崇等欲立帝，求军中景王后者，得七十余人，唯盆子与茂及前西安侯刘孝最为近属。崇等议曰："闻古天子将兵称上将军。"乃书札为符曰"上将军"，又以两空札置笥中，遂于郑北设坛场，祠城阳景王。诸三老、从事皆大会陛下④，列盆子等三人居中立，以年次探札。盆子最幼，后探得符，诸将乃皆称臣拜。盆子时年十五，被发徒跣，敝衣赭汗，见众拜，恐畏欲啼。茂谓曰："善藏符。"盆子即啮折弃之，复还依侠卿。侠卿为制绛单衣、半头赤帻、直綦履，乘轩车大马，赤屏泥，绛襜络，而犹从牧儿遨。

崇虽起勇力而为众所宗，然不知书数。徐宣故县狱吏，能通《易经》。遂共推宣为丞相，崇御史大夫，逢安左大司马，谢禄右大司马，自杨音以下皆为列卿。

军及高陵，与更始叛将张邛等连和，遂攻东都门，入长安城，更始来降。

盆子居长乐宫，诸将日会论功，争言讙⑤呼，拔剑击柱，不能相一。三辅郡县营长遣使贡献，兵士辄剽夺之。又数虏暴吏民，百姓保壁，由是皆复固守。至腊日，崇等乃设乐大会，盆子坐正殿，中黄门持兵在后，公卿皆列坐殿上。酒未行，其中一人出刀笔⑥书谒欲贺，其余不知书者起请之，各各屯聚，更相背向。大司农杨音按剑骂曰："诸卿皆老佣也！今日设君臣之礼，反更殽乱，儿戏尚不如此，皆可格杀！"更相辩斗，而兵众遂各瘤宫斩关，入掠酒肉，互相杀伤。卫尉诸葛穉闻之，勒兵入，格杀百余人，乃定。盆子惶恐，日夜啼泣，独与中黄门共卧起，唯得上观阁而不闻外事。

（《后汉书·刘盆子传》）

16

【注释】

①赤眉过式：赤眉，西汉末以樊崇等为首的农民起义军。因用赤色涂眉作为标志，故名。式，式县。②崇：赤眉起义军领袖樊崇。后投降光武帝刘秀，不久被杀。③更始：刘玄称帝的年号，代指刘玄。④"诸三老"句：三老，从事，三老为赤眉军最高首领的称号，从事是仅次于三老的将领。⑤谨（huān）：通"欢"。⑥刀笔：古代书写工具。古时书写于竹简，有误则削去重写。

【译文】

当初，赤眉军经过式县，虏掠了刘盆子及他的两个哥哥刘恭、刘茂，都留在军中。刘恭年轻时读过《尚书》，稍懂书中的一些大义。后来随樊崇等投降了刘玄，即被封为式侯。因通晓经书多次上书言事，拜为侍中，从刘玄在长安。刘盆子与刘茂留在赤眉军中，归属于右校卒史刘侠卿，负责割草喂牛的工作，号称"牛吏"。后来樊崇等想立皇帝，查找在军中的城阳景王刘章的后裔，共得七十多人，只有刘盆子与刘茂以及前西安侯刘孝最为近属。樊崇等商议说："听说古代天子带兵称上将军。"于是就用木片写上"上将军"的符记，又把两个同样大小的空白木片与之一道放置箧中，在郑北设了一个坛场，祭祀城阳景王。赤眉军的重要将领都大会于台阶之下，让刘盆子、刘茂、刘孝三人站于正中，按年龄大小依次去摸取木片。刘盆子最年轻，最后一个去摸，刚好摸得"上将军"木片，诸将于是都向刘盆子称臣拜贺。刘盆子这时年仅十五岁，披着头发，光着脚，穿着破衣，脸红流汗，看到大家向他跪拜，吓得要哭。刘茂对他说："把木片藏好。"刘盆子却把木片咬断丢掉，又回到刘侠卿身边。刘侠卿就给刘盆子制做了大红色的单衣，空顶的红帽帻，直线花纹的鞋子，让他乘坐高车大马，车轼前边是赤色的屏泥，车身围着红色帷屏，但刘盆子还是和牧牛伢儿在一起玩。

樊崇虽然由于勇敢有力而为大众所尊敬推为首领，但没有文化，不知术数。徐宣以前是县衙的狱吏，懂得《易经》。于是大家共推徐宣为丞相，樊崇为御史大夫，逢安为左大司马，谢禄为右大司马，自杨音以下都为列卿。

大军到达高陵，与刘玄叛将张印等联合，于是攻东都门，进入长安城，刘玄投降。

刘盆子住在长乐宫，诸将每天集会议论谁的功劳大，争吵呼叫，拔剑击柱，不能取得一致。京城附近郡县营长派使者来呈献贡品，兵士动辄抢夺走了。又多次掳掠暴虐官吏百姓，百姓从此保壁坚守。到了腊祭的那天，樊崇等设乐举行大会，刘盆子坐在正殿，中黄门带兵站在后面，公卿都列坐于殿上，酒还没有开饮，其中一人拿着刀笔写了名帖准备庆贺，其余不会写字的人都站起来请人代写，一堆一堆地聚集在一起，互相背靠着背。大司农杨音按剑骂道："各位公卿都是老佣人！今天设君臣之礼，反而更加混乱，儿童游戏也不会乱成这样，都该击杀！"互相争吵打斗，而兵士们也各翻越宫墙砍断城门闩卡，闯进宫殿抢夺酒肉，互相杀伤。卫尉诸葛穉听到消息，立即带兵而入，击杀百余人，才安定下来。刘盆子惊惶恐惧，日夜啼哭，与中黄门同起同卧，只是上观阁而不管外面的事。

贤德马皇后

建初元年，（帝）欲封爵诸舅，太后不听。明年夏，大旱，言事者以为不封外戚之故，有司因此上奏，宜依旧典。太后诏曰："凡言事者皆欲媚朕以要①福耳。昔王氏五侯同日俱封②，其时黄雾四塞，不闻澍雨之应。又田蚡、窦婴③，宠贵横恣，倾覆之祸，为世所传。故先帝防慎舅氏，不令在枢机之位④。诸子之封，裁令半楚、淮阳诸国，常谓'我子不当与先帝子等'。今有司奈何欲以马氏比阴氏⑤乎！吾为天下母，而身服大练⑥，食不求甘，左右但著帛布，无香薰之饰者，欲身率下也。以为外亲见之，当伤心自劾，但笑言太后素好俭。前过濯龙门上，见外家问起居者，车如流水，马如游龙，仓头衣绿褠⑦，领袖正白，顾视御者，不及远矣。故不加谴怒，但绝岁用而已，冀以默愧其心，而犹懈怠，无忧国忘家之虑。知臣莫若君，况亲属乎？吾岂可上负先帝之旨，下亏先人之德，重袭西京败亡之祸哉"固不许。

帝省诏悲叹，复重请曰："汉兴，舅氏之封侯，犹皇子之为王也。太后诚存谦虚，奈何令臣独不加恩三舅乎？且卫尉⑧年尊，两校尉⑨有大病，如令不讳⑩，使臣长抱刻骨之恨⑪。宜及吉时，不可稽留。"

太后报曰："吾反复念之，思令两善。岂徒欲获谦让之名，而使帝受不外施之嫌哉！昔窦太后欲封王皇后之兄⑫，丞相条侯⑬言受高祖约，无军功，非刘氏不侯。今马氏无功于国，岂得与阴、郭中兴之后等邪？常观富贵之家，禄位重叠，犹再实之木，其根必伤。且人所以愿封侯者，欲上奉祭祀，下求温饱耳。今祭祀则受四方之珍，衣食则蒙御府余资，斯岂不足，而必当得一县乎？吾计之孰⑭矣，勿有疑也。夫至孝之行，安亲为

20

上。今数遭变异，谷价数倍，忧惶昼夜，不安坐卧，而欲先营外封，违慈母之拳拳⑮乎！吾素刚急，有胸中气，不可不顺也。若阴阳调和，边境清静，然后行子之志。吾但当含饴弄孙，不能复关政矣。"

……

四年，天下丰稔，方垂无事，帝遂封三舅廖、防、光为列侯。并辞让，愿就关内侯。太后闻之，曰："圣人设教，各有其方，知人情性莫能齐也。吾少壮时，但慕竹帛，志不顾命。今虽已老，而复'戒之在得'⑯，故日夜惕厉⑰，思自降损。居不求安，食不念饱。冀乘此道，不负先帝。所以化导兄弟，共同斯志，欲令瞑目之日，无所复恨。何意老志复不从哉？万年之日长恨矣！"廖等不得已，受封爵而退位归第焉。

（《后汉书·皇后纪》）

【注释】

①要（yāo）：通"邀"。求取；希望得到。②"昔王氏"句：西汉成帝封太后弟王谭、王商、王立、王根、王逢时等，同时为关内侯。③田蚡、窦婴：田蚡，西汉景帝王皇后之弟，任丞相，被封为武安侯。骄横跋扈。死后，汉武帝曾说："如

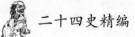

果田蚡在世，我就要把他的家族灭了。"窦婴，汉文帝窦皇后堂兄之子。任丞相，被封为魏其侯，后因罪被杀。④"故先帝"句：先帝，汉明帝。枢机之位，重要的官位。⑤阴氏：光武帝皇后阴丽华。⑥大练：厚而白的帛。⑦褠：同"韝"，臂套。即今俗称之"袖套"。⑧卫尉：马皇后之兄马廖，时任卫尉。⑨校尉：马皇后之兄马防、马光，时任校尉。⑩不讳：不幸去世。⑪恨：遗憾。⑫"昔窦太后"句：窦太后，汉文帝皇后。王皇后，汉景帝皇后。⑬条侯：即周亚夫。被封为条侯，故名。⑭孰：通"熟"，仔细、周详。⑮拳拳：眷爱之情。⑯戒之在得：《论语·季氏》："及其老矣，血气既衰，戒之在得。"得，贪得。⑰惕厉：惕，惧。厉，危险。

【译文】

建初元年（公元76年），章帝想分封几位舅舅，马太后不允许。第二年夏天，大旱，分析这件灾事的人认为是由于不封外戚的缘故，因此上书奏请，应依汉制旧典，对外戚封侯。马太后诏令说："凡是讲到旱灾应对外戚封侯的，都是想讨好于我以求获得福禄。从前成帝时，同时封王太后五位弟弟为五个关内侯，那时黄雾充塞于四方，却不见及时雨下降。田蚡、窦婴，封侯后受宠显贵，骄横任性，而遭倾覆破灭的祸患，是世人皆知而口头传述的。所以先帝（明帝）在世时，谨慎地不让外戚担任朝廷重要官职。诸皇子的封邑，只准有楚、淮阳诸国封地的一半，常说'我子不当与先帝子等同'。现在管事的人为何以我马氏比阴氏呢？我身为国母，穿普普通通的白缯，饮食不求甘美，左右的人只穿帛布衣裳，没有胭脂水粉薰香之类的修饰，是为了以身作则为天下的表率。认为外亲见之，当扪心自省，自我约束。没想到他们只笑说太后素来爱好俭朴。前些天经过濯龙门上，见外戚家来请安的人，车如流水，马如游龙，奴仆戴着绿色的袖套，衣领衣袖纯一雪白，而看看为我驾车的，比他们就相差很远了。我没有发怒加以谴责，只继绝供给他们的用费，希望他们有所惭愧，但他们还是懈怠，不知忧国忘家。了解臣下的莫过于君王，更何况是亲属呢？我难道可以上而有负先帝的旨意，下而亏损先人的德行，重蹈西京时外戚遭到诛戮败亡的惨祸吗？"坚决不让章帝给诸舅封爵。

章帝读了太后诏令悲戚感叹，又再次请求太后说："汉室兴，舅氏封侯，犹如皇子封王。太后有谦虚的美德，怎能让我独不加恩于三个舅父呢？况且卫尉马廖舅舅年岁很大，两校尉马防、马光舅舅大病在身，如果一旦不幸去世，将使我长抱刻骨的遗憾！应趁吉日良辰，封侯舅氏，不可稽延耽搁。"

太后回答说："我反复考虑，想做到两方面都好。我难道想获谦让的美名，而使帝遭受不施舅父恩宠的嫌疑吗？从前，窦太后想封景帝王皇后兄王信，丞相条侯周亚夫说受高祖的约定，无军功，不是刘氏子不封侯。今我马氏无功于国，怎能与阴氏、郭氏中兴时期皇后等同呢？我常常看到富贵之家，禄位重叠，好像结第二次果子的树木，负荷太重，它的根必定受到伤害。而且人们之所以希望封侯，是想能有丰厚的物质祭祀祖先，能过上温饱的生活。现在我马家的祭祀享受四方的珍馐，衣食则蒙朝廷俸禄而有余裕，这难道还不够，而必须封侯得一食邑吗？我通过再三考虑，没有半点疑惑了。最好的孝行，安亲为上，现在连遭几次变异，谷价涨了几倍，我日夜忧愁惶恐，坐卧不安，而你却要先对外戚封侯，违背慈母的眷爱之情！我素来刚烈急躁，胸中有气，是不可不顺的呀！如果以后阴阳协调，边境安宁，再执行你的计划，我就只含饴弄孙，不会再关心朝政了。"

……

建初四年（公元 79 年），天下丰收，边陲无事，章帝于是封三个舅舅马廖、马防、马光为列侯。他们都辞让，愿意就封关内侯。马太后听后，说："圣人设置教化，不同对象采取不同的方式，深知人们的情趣性灵是不能一致的。我在年轻的时候，只羡慕古人留名竹帛书籍，千载流芳，而不考虑命之长短。现在年纪虽然大了，而仍然告诫自己不要贪婪，所以日夜警惕危殆，总想自我压抑减损。居不求太安逸，食不求太美好。希望按照这种方式生活下去，而不辜负先帝的期望。也用以启发

引导各兄弟，共同抱定这个志向，想在瞑目的时候，没有什么
遗憾。现在你们偏偏愿受封爵，万不料我的宿愿还是得不到你
们的顺从，不能实现啊！我只有永远含恨于九泉了！"马廖等
没有办法，接受封爵后马上退位，闲居于家，不问政事。

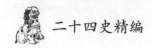

御 人

汉明帝不任亲

帝遵奉①建武制度，无敢违者。后宫之家，不得封侯与政。馆陶公主为子求郎②，不许，而赐钱千万。谓群臣曰："郎官上应列宿③，出宰百里，有非其人，则民受其殃，是以难之。"

（《后汉书·明帝纪》）

【注释】

①奉：遵行。②"馆陶公主"句：馆陶公主，光武帝刘秀之女。郎，官名，皇帝侍从官侍郎、中郎、郎中等的统称。东汉以尚书台为行政中枢，其分曹任事者为尚书郎，职责范围扩大。③"郎官"句：南宫（太微宫）五帝座后相聚的15颗星，为一星座，称"郎位"，古人认为它们是与郎官对应的星宿。

【译文】

汉明帝刘庄遵行光武帝刘秀建武年代的制度，没有敢违抗的。外戚之家，不准封侯参政。他的妹妹馆陶公主，为儿子请求郎的官位，明帝不予答应，而赐钱千万。他对群臣说："郎官上应天上星宿，宰辖百里，如果人选不当，百姓就要遭殃，所以不准许。"

班超智勇降两国

班超字仲升，扶风安陵①人，徐令彪之少子也。为人有大志，不修细节。然内孝谨，居家常执勤苦，不耻劳辱。有口辩，而涉猎书传。永平五年，兄固被召诣校书郎②，超与母随至洛阳。家贫，常为官佣书以供养。久劳苦，尝辍业投笔叹曰："大丈夫无它志略，犹当效傅介子、张骞立功异域③，以取封侯，安能久事笔研④间乎？"左右皆笑之。超曰"小子安知壮士志哉！"其后行诣相者，曰："祭酒⑤，布衣诸生耳，而当封侯万里之外。"超问其状。相者指曰："生燕颔虎颈，飞而食肉，此万里侯相也。"久之，显宗问固"卿弟安在"，

27

固对"为官写书，受直以养老母。"帝乃除超为兰台令史⑥。后坐事免官。

十六年，奉车都尉窦固出击匈奴，以超为假⑦司马，将兵别击伊吾⑧，战于蒲类海⑨，多斩首虏而还。固以为能，遣与从事郭恂俱使西域。

超到鄯善⑩，鄯善王广奉超礼敬甚备，后忽更疏懈。超谓其官属曰："宁觉广礼意薄乎？此必有北虏使来，狐疑未知所从故也。明者睹未萌，况已著邪。"乃召侍胡诈之曰："匈奴使来数日，今安在乎？"侍胡惶恐，具服其状。超乃闭侍胡，悉会其吏士三十六人，与共饮，酒酣，因激怒之曰："卿曹与我俱在绝域，欲立大功，以求富贵。今虏使到裁数日，而王广礼敬即废，如令鄯善收吾属送匈奴，骸骨长为豺狼食矣。为之奈何？"官属皆曰："今在危亡之地，死生从司马。"超曰："不入虎穴，不得虎子。当今之计，独有因夜以火攻虏，使彼不知我多少，必大震怖，可殄尽也。灭此虏，则鄯善破胆，功成事立矣。"众曰："当与从事议之。"超怒曰："吉凶决于今日。从事文俗吏，闻此必恐而谋泄，死无所名，非壮士也！"众曰："善。"初夜，遂将吏士往奔虏营。会天大风，超令十人持鼓藏虏舍后，约曰："见火然⑪，皆当鸣鼓大呼。"余人悉持兵弩夹门而伏。超乃顺风纵火，前后鼓噪。虏众惊乱，超手格杀三人，吏兵斩其使及从士三十余级，余众百许人悉烧死。明日乃还告郭恂，恂大惊，既而色动。超知其意，举手曰："掾虽不行，班超何心独擅之乎？"恂乃悦。超于是召鄯善王广，以虏使首示之，一国震怖。超晓告抚慰，遂纳子为质。还奏于窦固，固大喜，具上超功效，并求更选使使西域。帝壮超节，诏固曰："吏如班超，何故不遣而更选乎？今以超为军司马，令遂前功。"超复受使，固欲益其兵，超曰："愿将本所从三十余人足矣。如有不虞，多益为累。"

是时于寘王广德新攻破莎车⑫，遂雄张南道⑬，而匈奴遣使监护其国。超既西，先至于寘。广德礼意甚疏。且其俗信巫。巫言："神怒何故欲向汉？汉使有骓马⑭，急求取以祠我。"广德乃遣使就超请马。超密知其状，报许之，而令巫自来取马。有顷，巫至，超即斩其首以送广德，因辞让之。广德素闻超在鄯善诛灭虏使，大惶恐，即攻杀匈奴使者而降超。超重赐其王以

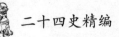

下，因镇抚焉。

（《后汉书·班超传》）

【注释】

　　①扶风安陵：扶风，郡名，在今陕西西安市。安陵，县名，在今陕西咸阳市东北。②校书郎：主管校勘典籍，订正讹误的官吏。③"犹当"句：傅介子，西汉北地（今甘肃庆阳西北）人，昭帝时，奉命出使楼兰，在宴席上刺杀与汉为敌的楼兰王，后封义阳侯。张骞，西汉汉中成固（今陕西成固）人，曾两次出使西域，联合中亚各国共同对付匈奴，发展了汉朝与中亚各国的友好关系，促进了经济文化的交流与发展。④笔研：笔砚。⑤祭酒：古代飨宴时酹酒祭神的长者。此处是对班超的尊称。⑥兰台令史：官名。兰台是汉代宫廷的藏书处，设御史中丞掌管。兰台令史则负责朝廷奏疏及印工文书之事。⑦假：代理。⑧伊吾：匈奴中地名。在今新疆哈密一带。⑨蒲类海：匈奴中湖名。即今新疆东北部的巴里坤湖。⑩鄯善：西域国名，即楼兰国。汉昭帝时改为鄯善。都扞泥城，即今新疆若羌县汾卡克里克。⑪然：即燃。⑫莎车：西域国名，在今新疆莎车县一带。⑬雄张南道：雄张，炽盛、称雄。南道，自玉门关、阳关出西域有两条道路，从鄯善傍南山北波河西行，至莎车，为南道。⑭骊马：黑嘴黄马。

【译文】

班超字仲升，扶风安陵人，是徐县县令班彪的小儿子。他为人素有大志，不拘小节。内心却又孝顺恭谨，在家常干些苦活儿，不以劳累下贱为耻辱。有善辩的口才，又喜欢浏览群书及传注。永平五年（公元63年），他的哥哥班固被征召任校书郎，班超和他的母亲一同到洛阳。家中贫困，常为官家雇用抄书，以其所得来供养母亲。长时间劳累辛苦，曾停下手头的工作，扔笔感叹道："大丈夫没有其它志向才略，还应该效法傅介子、张骞，立功于异域，以获得封侯，怎么能长久地在笔砚间消磨时日呢？"同事们都取笑他。班超说："您们怎能知道壮士的志向呢！"后来，他到看相的那儿去看相，看相的说："先生，您现在不过是布衣之士罢了，可是将来必定封侯于万里之外。"班超询问他的形状，看相的说："你额头如燕，颈项如虎，飞翔食肉，这是万里侯的相貌啊。"过了很久，显宗问班固："你的弟弟在哪儿？"班固回答说："他在为官府抄书，得点钱来供养老母。"显宗就任命班超为兰台令史。后来，班超曾因有过失而被免了官。

永平十六年（公元74年），奉车都尉窦固出兵攻打匈奴，以班超作代理司马，让他率领一支军队攻打伊吾，在蒲类海作战，斩了敌人许多首级回来。窦固认为班超很有才能，派他与

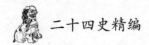

从事郭恂一道出使西域。

　　班超到了鄯善，鄯善国王广恭敬而有礼貌地接待了他，后来忽然又冷淡了。班超对他的部属说："你们可曾感到广的礼敬之意淡薄了吗？这一定是有匈奴使者到来，使他心怀犹豫不知所从。明智的人能够看出还没有露出苗头的事物，何况是明摆着的事实呢？"于是叫来侍候的胡人，吓诈他说："匈奴使者来了好几天了，现在在哪儿？"侍者恐惧，就吐露了全部情况。班超便把侍者关起来，把他的部属36人都召集起来一同喝酒。喝得高兴的时候，班超就用语言激怒他们道："你们和我们都处在极偏远的地方，想立大功，以求富贵。现在匈奴使者来了才几天，而鄯善王广便取消礼敬，如果他把我们抓起来送给匈奴，那我们的骸骨就会永远喂豺狼了。你们看怎么办呢？"部属都说："现在处在危险存亡的地方，死活都听从司马的吩咐。"班超说："不入虎穴怎得虎子。目前的办法，只有趁夜晚用火攻击匈奴人，使他们不知道我们有多少人，他们一定大为惊恐，我们就可以全部消灭他们。消灭了匈奴人，鄯善王会因此吓破了胆，大功就可告成，事业就可建立了。"部属们说："应当跟从事商量一下。"班超怒道："是吉是凶，决定在于今日。从事是文弱平庸的官吏，听了我们的计划必定会因害怕而泄露机密。死了不为人所称道，并非一个豪壮而勇敢的人。"大家说："好！"天刚黑，班超便带领部属奔向匈奴使者的营房。这时正刮大风，班超叫10个人拿着鼓躲藏在匈奴使者营房后面，约定说："你们看到火烧起来了，就都击鼓大声呐喊。"其余的人都拿着武器弓箭，埋伏在营门两边。班超顺风放火，前后击鼓大叫，匈奴人吓得乱作一团。班超亲手杀死3个人，部属杀死了匈奴使者和随从士兵30多人，全都砍下了他们的脑袋。其余的100多人全被烧死。第二天，就回去把情况告知郭恂。郭恂开始大吃一惊，随即变了脸色。班超知道他的意思是想要分功，便举着手对郭恂说："您虽然没有一同去破敌，我哪有心独占这份功劳呢？"郭恂非常高兴。班超于是叫来鄯善王广，把匈奴使者的首级给他看，鄯善国举国震惊。班超便把这件事告诉他们，并加以抚慰。于是鄯善国王便把自己的儿子送到汉朝做人质。班超回来向窦固禀报，窦固大喜，详细地把班超的功劳奏明皇帝，并且要求另外选派使者出使西域。汉明帝赞许班超的气节，下令给窦固说："有班超那样的官吏，为什么不派遣而要另选他人呢？现在任命班超为军司马，让他去完成以前的功业。"班超再次受命出使西域。窦固想要多给些士兵给班超，班超说："我只愿带上原来跟随我的30多个人就够了。如果有不测，人多了更是累赘。"

这时，于寘国王广德刚攻破莎车国，在西域南道称雄。而匈奴派了使者监护他们的国家。班超到西域，先到于寘国，广德王对他很冷淡，礼意很不周到。而且这个国家的风俗信巫。

巫师说："神人发脾气了，为什么要亲近汉朝？汉朝使者有一匹骊马，赶快牵来祭我。"广德王就派人到班超那里来要那匹马。班超暗地里了解了这个情况，便答应了把马给他，并要那个巫师亲自来牵马。一会儿，巫师来了，班超当即砍下他的头来送给广德王，并用言辞责备他。广德王早听说班超在鄯善国消灭匈奴使者的情况，非常害怕，便击杀匈奴使者向班超投降。班超重赏广德王及其下属，就此把于寘震慑安抚下来。

只愿生入玉门关

超自以久在绝域，年老思土。十二年，上疏曰："臣闻太公封齐，五世葬周①，狐死首丘②，代马依风③。夫周、齐同在中土千里之间，况于远处绝域，小臣能无依风首丘之思哉？蛮夷之俗，畏壮侮老。臣超犬马齿歼，常恐年衰，奄忽僵仆，孤魂弃捐。昔苏武留匈奴中尚十九年，今臣幸得奉节带金银护西域，如自以寿终屯部，诚无所恨，然恐后世或名臣为没西域。臣不敢望到酒泉郡，但愿生入玉门关。臣老病衰困，冒死瞀言，谨遣子勇随献物入塞。及臣生在，今勇目见中土。"而超妹同郡曹寿妻昭亦上书请超曰：

"妾同产兄西域都护定远侯超，幸得以微功特蒙重赏，爵列通侯，位两千石。天恩殊绝，诚非小臣所当被蒙。超之始出，志捐躯命，冀立微功，以自陈效。会陈睦之变④，道路隔绝，超以一身转侧绝域，晓譬诸国，因其兵众，每有攻战，辄为先登，身被金夷⑤，不避死亡。赖蒙陛下神灵，且得延命沙漠，至今积三十年。骨肉生离，不复相识。所与相随时人士众，皆已物故⑥。超年最长，今且七十。衰老被病，头发无黑，两手不仁⑦，耳目不聪明，扶杖乃能行。虽欲竭尽其力，以报塞天恩，迫于岁暮，犬马齿索⑧。蛮夷之怪，悖逆侮老，而超旦暮入地，久不见代，恐开奸宄之源，生逆乱之心。而卿大夫咸怀一切，莫肯远虑。如有卒暴，超之气力不能从心，便为上损国家累世之功，下弃忠臣竭力之用，诚可痛也。故超万里归诚，自陈苦急，延颈瘤望，三年于今，未蒙省录。

妾窃闻古者十五受兵，六十还之，亦有休息不任职也。缘陛下以至孝理天下，得万国之欢心，不遗小国之臣，况超得备侯伯之位，故敢触死为超求哀，乞超余年⑨。一得生还，复见阙庭，使国永无劳远之虑，西域无仓卒之忧，超得长蒙文王葬骨之恩⑩，子方哀老之惠⑪。《诗》云："民亦劳止，汔可小康，惠此中国，以绥四方。"超有书与妾生诀，恐不复相见。妾诚伤超以壮年竭忠孝于沙漠，疲老则便捐死于旷野，诚可哀怜。如不蒙救护，超后有一旦之变，冀幸超家得蒙赵母、卫姬先请之贷⑫。妾愚戆不知大义，触犯忌讳。"

书奏，帝感其言，乃征超还。

超在西域三十一岁。十四年八月至洛阳，拜为射声校尉。超素有胸胁疾，既至，病遂加。帝遣中黄门问疾，赐医药。其年九月卒，年七十一。朝廷愍惜焉，使者吊祭，赠赗甚厚。

（《后汉书·班超传》）

【注释】

①"臣闻"句：姜太公封于齐，五世后归葬于周。②狐死首丘：丘是狐窟藏之地，狐死了以后头还朝着丘窟的方向，不忘其本也。语出《礼记·檀弓上》。③代马依风：代，古时代郡。后泛指北方边塞地区。语出《韩诗外传》："代马依北风，飞鸟扬故巢。"北方边塞地区的马依恋北风，比喻人心眷恋故土，不愿老死他乡。④陈睦之变：陈睦，西域都护，被焉耆国

攻杀。⑤夷：伤。⑥物故：死亡。⑦两手不仁：两手麻木而不灵活。⑧索：落。⑨匄超余年：乞求让超回国安享余年。⑩文王葬骨之恩：文王赐予归葬骸骨的恩德。⑪子方哀老之惠：田子方，是魏文侯的老师。看到魏文侯将老马遗弃，说："少尽其力，老而弃之，非仁也。"于是收而养之。⑫"冀幸"句：赵母，即赵奢之妻，赵括之母。赵王令赵括领兵，赵母恳求，如赵括军败，赵家不要因此受牵连判罪。卫姬，齐桓公之姬。齐桓公与管仲计划攻打卫国，卫姬请求宽恕卫国之罪。

【译文】

班超自觉久居偏远之地，年老了，思念故国。永元十二年（公元 100 年），上书朝廷说："我听说，姜太公封于齐国，五世而归葬于周。狐狸死时，头总朝着它出生的土丘，代地的马依恋北风。周和齐都在中国，相距不过千里，何况我远居绝域，怎能没有'依风'、'首丘'的思想感情呢？蛮夷的风俗，害怕年壮的，欺侮年老的。我班超犬马之齿日减，年老体衰，倏忽死亡，孤魂漂泊于异域。昔者苏武滞留匈奴只不过 19 年，现在我持符节，捧印金以监护西域，如果寿终正寝，死于驻地，那也没有什么可遗憾的。然而我担心后世有名臣像我一样老死西域。我不敢望到酒泉郡，只希望活着进入玉门关。我老而多病，身体衰弱，冒死盲言，谨派遣我的儿子班勇随带进献的物品入

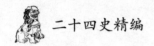

塞，趁我活着的时候，让班勇回来看一看中国。"班超的妹妹同郡曹寿的妻子班昭也上书朝廷，请求召班超回国，说：

"我的同父母的兄长西域都护定远侯班超，侥幸因微小的功勋，特蒙皇上重赏，爵位列于通侯，官同 2000 石。天恩特殊超绝，确非小臣所应当蒙赏。班超当初出使西域，立志牺牲自己的身家性命，希望能建立微小的功勋，以图报效。不曾想碰上陈睦事变，道路隔绝，班超孤身周旋于艰险的异地，以言辞晓谕西域各国；凭借各国的兵力，每有攻城野战，总是身先士卒，虽身受重伤，也不逃避死亡的危险。幸蒙陛下的神灵，得以延续生命于沙漠之地，到现在已经 30 年了，兄妹骨肉之亲，长久离别，相见也许会不认识了。所有同他一道出使的人，都已经不在人世了。班超年纪最大，现在将近 70 岁了。身体衰老患病，头发皆白，两手麻木而不灵活，耳不聪，目不明，只有拄着拐杖才能走路。他虽然想要竭尽他的力量来报答皇上天恩，但迫于年岁迟暮，犬马之齿将尽。蛮夷的本性，违反正道，欺侮老人，而班超早晚要死去，长久不见有人去代替他，恐怕坏人伺机而动，萌生逆乱之心，而卿大夫咸怀一切，不肯作深远的考虑。如突然发生暴乱，班超力不从心，不能平息，那么上会毁灭国家累世的功勋，下会废弃忠臣所作的一切努力。那真是可悲痛的啊！所以班超于万里之外，怀归国之诚，自己陈述痛苦焦急的心情，伸颈企望，到现在已经 3 年了。仍未蒙皇上省察。

"我听说古代 15 岁服役，60 岁免役，也有休息而不任的。因陛下以至孝来治理天下，博得万国之欢心，不遗忘小国的臣子。何况班超获得侯伯的爵位，所以我冒死为班超哀求，乞让班超回国安度余年。如果班超能活着回来，再见宫阙，让国家永远没有劳师远征之虑，西域也没有猝然暴发动乱之忧，班超得以长久蒙受皇上像文王那样赐予归葬骸骨的恩德，得到田子方那样哀怜衰老的惠爱。《诗经·大雅》说：'老百姓辛苦了，可以让他们稍稍安定一下了。先施恩惠于中国，然后乃安定四方。'班超有书信和我作生前的诀别，恐怕真不会见到他了。我确实伤感于班超在壮年时候竭尽忠孝于沙漠之中，衰老的时候则被遗弃而死于荒凉空旷的原野。这真够悲伤可怜啊！如果不蒙皇上的救援爱护，班超以后一旦有变，希望班超一家，能蒙受皇上像赵母、卫姬那样，因事先上奏而免于治牵连之罪的宽恕。我愚笨不懂得大义，触犯了忌讳。"

奏章送上去了，皇帝被她的语言所感动，就把班超召回来了。班超在西域住了 31 年。永元十四年（公元 102 年）八月回到洛阳，被任命为射声校尉。班超胸胁本来有病，回国之后，病情加剧。皇帝派遣中黄门看视，赐给他医药。这一年 9 月逝世，享年 71 岁。朝廷怜悯他，派使者吊唁致祭。赏赐优厚。

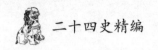

光武不究通敌者

及更始①至洛阳，乃遣光武以破虏将军行②大司马事。十月，持节北渡河③，镇慰州郡。……

进至邯郸，故赵缪王子林说光武曰："赤眉今在河东，但决水灌之，百万之众可使为鱼。"光武不答，去之真定④。林于是乃诈以卜者王郎为成帝子子舆，十二月，立郎为天子，都邯郸，遂遣使者降下郡国。

二年正月，光武以王郎新盛，乃北徇⑤蓟。王郎移檄购光武十万户，而故广阳王子刘接起兵蓟中以应郎，城内扰乱，转相惊恐，言邯郸使者方到，二千石以下皆出迎。于是光武趣驾南辕⑥，晨夜不敢入城邑，舍食道傍。至饶阳⑦，官属皆乏食。光武乃自称邯郸使者，入传舍⑧。传吏方进食，从者饥，争夺之。传吏疑其伪，乃椎鼓数十通，绐⑨言邯郸将军至，官属皆失色。光武升车欲驰，既而惧不免，徐还坐，曰："请邯郸将军入。"久乃驾去。传中人遥语门者闭之。门长曰："天下讵⑩可知，而闭长者乎？"遂得南出。晨夜兼行，蒙犯霜雪，天时寒，面皆破裂。至滹沱河，无船，适遇冰合，得过，未毕数车而陷。进至下博[11]城西，遑惑不知所之。有白衣老父在道旁，指曰："努力！信都郡[12]为长安守，去此八十里。"光武即驰赴之，信都太守任光开门出迎。世祖[13]因发菉县，得四千人，先击堂阳[14]、贳县[15]，皆降之。王莽和成卒正[16]邳彤亦举郡降。又昌城[17]人刘植，宋子[18]人耿纯，各率宗亲子弟，据其县邑，以奉光武。于是北降下曲阳[19]，众稍合，乐附者至有数万人。

………

……会上谷太守耿况、渔阳太守彭宠各遣其将吴汉、寇恂等将突骑来助击王郎，更始亦遣尚书仆射谢躬讨郎，光武因大饷士卒，遂东围巨鹿[20]。王郎守将王饶坚守，月余不下。郎遣将倪宏、刘奉率数万人救巨鹿，光武逆战于南栾[21]，斩首数千级。四月，进围邯郸，连战破之。五月甲辰，拔其城，诛王郎。收文书，得吏人与郎交关谤毁者数千章[22]。光武不省[23]，会[24]诸将军烧之，曰："令反侧子[25]自安。"

（《后汉书·光武帝纪》）

【注释】

①更始：刘玄称帝的年号。古代文献中，往往有用年号代

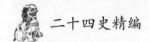

指其帝的作法（明清时最为盛行）。此处即指刘玄。②行：代理。
③河：黄河。④真定：古县名，治所在今河北正定县南。⑤徇：
巡行。⑥"于是"句：趣，同"促"，急促、急忙。南辕：驾
车往南走。⑦饶阳：汉县名。在河北省中部偏南，滹沱河流域。
⑧传舍：旅舍。⑨绐（dài）：欺骗；说谎。⑩讵（jù）：岂，反
诘语气词。⑪下博：汉县名，治所在今河北深县东南。⑫信都
郡：汉郡名，治所在今河北冀县。⑬世祖：即光武帝刘秀。⑭堂
阳：汉县名，因在堂水之北而得名。在今河北新河县。⑮贳县：
汉县名，在今河北束鹿县。⑯和成卒正：和成，郡名，王莽时
所设。卒正，王莽所置官名，职同太守。⑰昌城：汉县名，故
城在今河北冀县西北。⑱宋子：汉县名。故城在今河北赵县北。
⑲下曲阳：汉县名。在今河北晋县西。⑳巨鹿：郡名。西汉时
辖境在今河北省滹沱河以南，平乡以北，柏乡以东，束鹿新河
以西。此处指巨鹿县，治所在今河北平乡西南。㉑南栾
（luán）：汉县名，在今河北巨鹿北。㉒"得吏人"句：交关，
交往。章，信件。㉓省（xǐng）：察看；检查。㉔会：会合；聚
集。㉕反侧子：睡不好觉的人。

【译文】

及至更始到了洛阳，便任光武为破虏将军代行大司马的职
务。十月，光武拿着符节渡黄河北上，安定抚慰州郡官

42

民。……

进至邯郸,已故赵缪王刘元的儿子刘林向光武献策说:"赤眉军现在河东,只要决开黄河淹灌他们,赤眉百万军队可成为鱼。"光武不答,而去真定。刘林就伪称占卜的王郎是汉成帝的儿子刘子舆,十二月,立王郎为天子,定都邯郸,并派遣使者招降下属郡国。

更始二年(公元24年)正月,光武因为王郎新起势盛,便北上巡视蓟地。王郎发布檄文,许诺对捕杀到光武的人封以10万户的爵位。已故广阳王刘嘉的儿子刘接,起兵蓟中以策应王郎。蓟城城内扰乱,人民相继惊恐起来,并传说邯郸派来的使者刚到,2000石以下的官员都出去欢迎。于是光武急忙驾车南奔,早晨夜晚都不敢进城,就在路旁食宿。到达饶阳,官属都没有吃的了。光武就自称是邯郸派来的使者,进入客栈。客栈的小吏正在用餐,光武的随从饥饿得很,便抢饭吃。客栈的小吏怀疑光武是假冒的,就击鼓数十通,谎称邯郸将军到,官属都吓得变了脸色。光武上车想要奔逃,但转念怕跑不了,便从容坐到原位,说:"请邯郸将军进来。"许久,才驾车离去。客栈的人远远地叫守门者不放行。守门的官长说:"天下大局岂可预知?能阻拦长者吗?"光武才得南行。日夜兼行,蒙霜冒雪,时正天寒,脸面都冻裂了。到了滹沱河,没有船,恰值河面封冻,得以踏冰而过,没有过完几辆车子,冰就塌陷了。

到达下博城西，傍徨困惑，不知往哪里走为好。有白衣老头在路旁说："赶快走！信都郡的人还在为长安政权坚守着，那儿离这里八十里。"光武马上赶赴信都，太守任光开门迎接。光武下便征发周围各县兵马，共得 4000 人。首先攻打堂阳、贳县，两地都投降了。王莽和成卒正邳彤也领全郡投降。又有昌城人刘植、宋子人耿纯带领宗亲子弟，占领各自所在县城，奉献给光武，于是往北攻下曲阳，部众渐渐地集聚起来，乐意依附光武的达到数万人。

……

……正好上谷太守耿况、渔阳太守彭宠，各派自己的将领吴汉、寇恂等率领突骑帮助攻打王郎，更始也派尚书仆射讨伐王郎，光武乘机大设酒宴慰劳将士，东进包围巨鹿。王郎守将王饶坚守，一个多月没攻下。王郎派将领倪宏、刘奉领数万人援救巨鹿，光武迎战于南栾，杀数千人。四月，光武进军围攻邯郸，连战连捷。五月甲辰，攻克邯郸，杀王郎。在缴获的文书中，光武发现部下官员和王郎勾结来往毁谤自己的书信有几千份。光武不看，召集将军们当面一把火烧掉，说："让那些睡不好觉的人安下心来吧！"

徐璆严惩贪污犯

徐璆字孟玉，广陵海西[①]人也。父淑，度辽将军，有名于边。璆少博学，辟公府，举高第。稍迁荆州刺史。时董太后姊子张忠为南阳太守，因执②放滥，臧罪数亿。璆临当之部，太后遣中常侍以忠属璆。璆对曰："臣身为国，不敢闻命。"太后怒，遽征忠为司隶校尉，以相威临③。璆到州，举奏忠臧余一亿，使冠军县上簿诣大司农，以彰暴其事。又奏五郡太守及属县有臧污者，悉征案罪，威风大行。中平元年，与中郎将朱儁击黄巾贼于宛④，破之。张忠怨璆，与诸阉官构造无端，璆遂以罪征。有破贼功，得免官归家。后再征，迁汝南太守，转东海相，所在化行。

（《后汉书·徐璆传》）

【注释】

①广陵海西：广陵，郡名，故城在今江苏江都县东北。海西，县名，故城在今江苏东海县南。②执：同"势"。③"以相威临"句：张忠任司隶校尉，督察郡守。故以此相威胁。④宛：县名，故城在今河南南阳市。

【译文】

徐璆字孟玉，广陵海西人。父徐淑，度辽将军，在边疆名

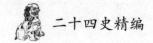

望很高。徐璆自幼博学，召入公府，举为高第。不久升为荆州刺史。当时董太后姐姐的儿子张忠为南阳太守，依仗权势放滥不羁，得赃数亿。徐璆赴任临行，太后派中常侍，属意徐璆，要他对张忠有所关照。徐璆回答道："我是为国家服务，不敢听从私请。"太后发怒，立即征召张忠为司隶校尉，以此威慑。徐璆到州后，揭举上奏张忠赃余一亿，令冠军县上簿交给大司农，以宣扬暴露此事。又奏请五郡太守及属县官吏凡有贪污行为的，全部法办，大行威风。中平元年（公元184年），徐璆与中郎将朱儁在宛县攻打黄巾贼，打败了他们。张忠怨恨徐璆，与众宦官捏造莫须有的罪名，徐璆便因罪被召回来。因为破贼有功，才得免官归家。后来再次被征召，任汝南太守，转任为东海相国，所在之处风化大行。

军　事

冯异大败行巡军

夏，遣诸将上陇，为隗嚣①所败，乃诏异军枸邑②。未及至，隗嚣乘胜使其将王元、行巡将二万人下陇，因分遣巡取枸邑。异即驰兵，欲先据之。诸将皆曰："虏兵盛而新乘胜，不可与争。宜止军便地，徐思方略。"异曰："虏兵临境，忸怵③小利，遂欲深入。若得枸邑，三辅④动摇，是吾忧也。夫'攻者不足，守者有余'。今先据城，以逸待劳，非所以争也。"潜往闭城，偃旗鼓。行巡不知，驰赴之。异乘其不意，卒击鼓建旗而出。巡军惊乱奔走，追击数十里，大破之。

（《后汉书·冯异传》）

【注释】

①隗嚣：字季孟，天水成纪（今甘肃秦安县北）人。王莽

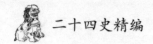

末，据陇西起兵，初附刘玄，任御史大夫；旋属光武，封西州大将军；后又称臣于公孙述，为朔宁王。光武西征，他忧愤而死。②栒邑：县名。故城在今陕西栒邑县东北。③忸忕（niǔ shì）：习惯。④三辅：汉以京兆、左冯翊、右扶风为三辅。即今陕西省中部。

【译文】

　　建武六年（公元30年）夏天，光武帝派遣诸将前往陇地，被隗嚣打败，光武于是诏令冯异进军栒邑。还没有到，隗嚣乘胜派他的将领王元、行巡率领两万多人下陇，趁势分派行巡攻取栒邑。冯异即刻驱兵，准备抢占栒邑。诸将都说："隗嚣兵多而且是乘胜而来，不可与他相争。应在便利的地方驻扎军队，慢慢思考战胜他的办法。"冯异说："隗嚣军队临境，习惯于争夺小利，胜了就想乘势深入。如果他们攻夺了癥邑，就会使三辅动摇惊恐，这是我所担忧的。兵法说'攻者不足，守者有余'。现在先占据城邑，以逸待劳，并不是与他相争哩。"就偷偷地赶赴栒邑，关闭城门，偃旗息鼓。行巡不知道，驱军驰赴癥邑。冯异乘其不意，突然击鼓树旗杀出，行巡军队惊慌散乱奔逃，冯异追击几十里，大破行巡军。

刘秀赚谢躬

初，更始遣尚书令谢躬率六将军攻王郎①，不能下。会光武至，共定邯郸，而躬裨将虏掠不相承禀，光武深忌之。虽俱在邯郸，遂分城而处，然每有以慰安之。躬勤于职事，光武常称曰"谢尚书真吏也"，故不自疑。躬既而率其兵数万，还屯于邺。时光武南击青犊②，谓躬曰："我追贼于射犬③，必破之。尤来在山阳者④，势必当惊走。若以君威力，击此散虏，必成禽⑤也。"躬曰："善。"及青犊破，而尤来果北走隆虑山，躬乃留大将军刘庆、魏郡太守陈康守邺，自率诸将军击之。穷寇死战，其锋不可当，躬遂大败，死者数千人。光武因躬在外，乃使汉⑥与岑彭袭其城。汉先令辩士说陈康曰："盖闻上智不处危以侥幸，中智能因危以为功，下愚安于危以自亡。危亡之至，在人所由，不可不察。今京师败乱，四方云扰，公所闻也。萧王⑦兵强士附，河北⑧归命，公所见也。谢躬内背萧王，外失众心，公所知也。公今据孤危之城，待灭亡之祸，义无所立，节无所成。不若开门内⑨军，转祸为福，免下愚之

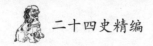

败，收中智之功，此计之至者也。"康然之。于是康收刘庆及躬妻子，开门内汉等。及躬从隆虑归邺，不知康已反之，乃与数百骑轻入城。汉伏兵收之，手击杀躬，其众悉降。躬字子张，南阳人。初，其妻知光武不平之，常戒躬曰："君与刘公积不相能，而信其虚谈，不为之备，终受制矣。"躬不纳，故及于难。

（《后汉书·吴汉传》）

【注释】

①"更始"句：更始，即更始帝刘玄。更始为其称帝的年号。王郎，一名王昌。王莽末年，冒称汉成帝儿子刘子舆，称帝。后被光武帝刘秀打败杀死。②青犊：王莽末年黄河以北地区较为强大的一支农民起义军，建武三年（公元27年）为刘秀所镇压。③射犬：地名，在今河南沁阳县东北。④"尤来"句：尤来，王莽末年的一支农民起义军。山阳，县名，在今河南修武县西北。⑤禽：通"擒"。⑥汉：刘秀部下大将吴汉。⑦萧王：刘秀。时被更始封为萧王。⑧河北：指黄河以北地区。⑨内：通"纳"。

【译文】

起初，更始帝刘玄派遣尚书令谢躬率领六将军攻王郎，攻打不下。正值光武到，共同平定邯郸，而谢躬裨将抢劫虏掠不请示报告，光武极为憎恨。虽然都在邯郸，还是分城而处，但经常安慰他。谢躬勤于职事，光武常常称赞说："谢尚书是个真正的官吏哩。"所以谢躬不怀疑光武。谢躬不久率其兵数万，还屯于邺县。这时光武南击青犊，对谢躬说："我追击贼兵于射犬，必破贼。在山阳县境的尤来部队，必然会惊慌逃跑。如果以您的威力，攻击这些散虏，必胜无疑。"谢躬说："好。"青犊被击破之后，尤来部队果然向北隆虑山方向逃走，谢躬就留大将军刘庆、魏郡太守陈康守邺，自己率领诸将军攻击尤来。穷寇奋力死战，其锋锐不可当，谢躬大败，死者数千人。光武趁谢躬在外，就派吴汉与岑彭袭击邺城。吴汉先遣辩士劝陈康说："我听说上智之人不处危境以求侥幸，中智之人能因危以为功，下愚之人安于危境而自取灭亡。危亡之到来，是由于人所造成，不可不察。现在京师败乱，四方纷纭扰乱，您是知道的。萧王兵强士附，河北之地归命于他，这是您看到的。您现在据守孤危之城，等待灭亡之祸，忠义无所立，节气无所成，不如开门迎接汉兵，转祸为福，避免下愚之败，收取中智之功，这是最好的计哩！"陈康听从了他的话。于是逮捕刘庆及谢躬妻子儿女，开城门迎接汉兵入城。谢躬从隆虑回邺，不知陈康已反，就与数百骑轻装入城。吴汉伏兵将他捉住，击杀谢躬，他的部众全投降了。谢躬字子张，南阳人。当初，他妻子知道

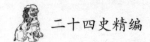

光武不能与他和睦相处，常劝戒谢躬说："你与刘公在一起不
和睦。而你却相信他的假话，不作准备，最终要受制于他的。"
谢躬不听从妻子的意见，所以受了难。

度尚烧营破敌

度尚字博平，山阳湖陆①人也。家贫，不修学行，
不为乡里所推举。积困穷，乃为宦者同郡侯览视田，得
为郡上计吏，拜郎中，除上虞②长。为政严峻，明于发
擿奸非，吏人谓之神明。迁文安③令，遇时疾疫，谷贵
人饥，尚开仓禀给，营救疾者，百姓蒙其济。时冀州刺
史朱穆行部④，见尚甚奇之。

延熹五年，长沙、零陵贼合七八千人，自称"将
军"，入桂阳、苍梧、南海、交阯⑤，交阯刺史及苍梧
太守望风逃奔，二郡皆没。遣御史中丞盛修募兵讨之，
不能剋。豫章艾县人六百余人，应募而不得赏直，怨
恚，遂反，焚烧长沙郡县，寇益阳，杀县令，众渐盛。
又遣谒者马睦，督荆州刺史刘度击之，军败，睦、度奔
走。桓帝诏公卿举任代刘度者，尚书朱穆举尚，自右校
令擢为荆州刺史。尚躬率部曲，与同劳逸，广募杂种诸

蛮夷，明设购赏，进击，大破之，降者数万人。桂阳宿贼渠帅卜阳、潘鸿等畏尚威烈，徙入山谷。尚穷追数百里，遂入南海，破其三屯，多获珍宝。而阳、鸿等党众犹盛，尚欲击之，而士卒骄富，莫有斗志。尚计缓之则不战，逼之必逃亡，乃宣言卜阳、潘鸿作贼十年，习于攻守，今兵募少，未易可进，当须诸郡所发悉至，尔乃并力攻之。申令军中，恣听射猎。兵士喜悦，大小皆相与从禽。尚乃密使所亲客潜焚其营，珍积皆尽。猎者来还，莫不泣涕。尚人人慰劳，深自咎责，因曰："卜阳等财宝足富数世，诸卿但不并力耳。所亡少少，何足介意！"众闻咸愤踊，尚敕令秣马蓐食，明旦，径赴贼屯。阳、鸿等自以深固，不复设备，吏士乘锐，遂大破平之。

（《后汉书·度尚传》）

【注释】

①山阳湖陆：山阳，郡名，故治在今山东金乡县西北。湖陆，县名，故城在今山东鱼台县东南。②上虞：县名，故城在今浙江上虞县西。③文安：县名。故城在今河北文安县东。④行部：巡视。⑤"入桂阳"句：桂阳，县名，即今广东连县。苍

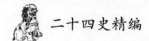

梧，郡名，治所在今广西苍梧县。南海，县名。在今广东番禺市。交阯，郡名。治所在今越南北宁省仙游东。

【译文】

度尚字博平，山阴湖度人。家贫，不修学行，不为乡里所推举。多年穷困，便替宦者同郡侯览看管田亩，做了郡上的会计，后被拜为郎中，当上了上虞县长。他为政严峻，善于发觉坏人坏事，官吏百姓都称他为神明。升任文安县令，碰上疾病流行，谷贵人饥，度尚开仓拿出粮食，营救生病之人，救济百姓。当时冀州刺史朱穆来巡视，见到度尚后非常重视他。

延熹五年（公元 163 年），长沙、零陵盗贼共七八千人，自称"将军"，进犯桂阳、苍梧、南海、交阯、交阯刺史和苍梧太守望风逃奔，二郡都陷入贼手。朝廷派御史中丞募兵讨伐，不能胜利。豫章艾县 600 余人，应募而没有得到赏钱，心中怨恨，便反叛，焚烧长沙郡县，进犯益阳，杀了县令，部众渐渐多了起来。朝廷又派谒者马睦，监督荆州刺史刘度去攻打，打了败仗，马睦、刘度都逃跑了。桓帝诏公卿推举代替刘度的人，尚书朱穆推举度尚，从右校令提升为荆州刺史。度尚率领部下，和部下同艰苦，同时广招杂种众蛮夷，明令悬赏，发动进攻，把贼兵打得大败，投降的有几万人。桂阳惯贼头领卜阳、潘鸿等惧怕度尚的威风，逃到了山谷之中。度尚穷追数百里，贼兵进入南海境地，度尚攻破其三屯，缴获珍宝极多。但卜阳、潘鸿等党羽还有不少，度尚想继续追击，可是士卒骄傲富足，没有斗志。度尚考虑缓兵就不能作战，逼迫作战容易逃亡，于是扬言卜阳、潘鸿作贼十年，习惯于进攻和防守，现在兵士太少，不易进攻，应等候诸郡所发援兵全部到来，你们才和他们一道进攻。并申令军中，准许将士们去打猎。兵士们都很高兴，大小都一起打猎去了。度尚于是秘密派出亲信偷偷地烧毁营寨，珍宝积蓄都付之一炬。兵士们打猎回来，没有一个不痛哭流泪的。度尚便向大家慰劳，深深责备自己，于是说："卜阳等人的财宝足够供几代人使用，只怕你们不尽力罢了。丢失的东西少得可怜，何必放在心上！"众人听了都愤慨踊跃，自告奋勇，度尚下令秣马早上就在床上吃饭，第二天清晨，直取贼屯。卜阳、潘鸿等自以为营垒深固，不再防备，度尚吏士乘锐气进攻，于是大破贼兵，踏平了匪巢。

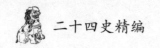

理　财

赵咨遗书俭葬

赵咨字文楚，东郡燕人也。父畅，为博士。咨少孤，有孝行，州郡召举孝廉，并不就。

延熹元年，大司农陈奇举咨至孝有道，仍迁博士。灵帝初，太傅陈蕃、大将军窦武为宦者所诛，咨乃谢病去。太尉杨赐特辟，使饰巾出入^①，请与讲议。举高第，累迁敦煌太守。以病免还，躬率子孙耕农为养。

盗尝夜往劫之，咨恐母惊惧，乃先至门迎盗，因请为设食，谢曰："老母八十，疾病须养，民贫，朝夕无储，乞少置衣粮。"妻子物余，一无所请。盗皆惭叹，跪而辞曰："所犯无状，干暴贤者。"言毕奔出、咨追以物与之，不及。由此益知名。征拜议郎，辞疾不到，诏书切让，州郡以礼发遣，前后再三，不得已应召。

　　复拜东海相。之官，道经荥阳，令敦煌曹暠，咨之故孝廉也，迎路谒候，咨不为留。暠送至亭次，望尘不及，谓主薄曰："赵君名重，今过界不见，必为天下笑！"即弃印绶，追至东海。谒咨毕，辞归家。其为时人所贵若此。

　　咨在官清简，计日受奉②，豪党畏其俭节。视事三年，以疾自乞，征拜议郎。抗疾③京师，将终，告其故吏朱祇、萧建等，使薄敛素棺，籍以黄壤④，欲令速朽，早归后土，不听子孙改之。乃遗书枌子胤曰："夫含气之伦，有生必终，盖天地之常期，自然之至数。是以通人达士，鉴兹性命，以存亡为晦明，死生为朝夕，故其生也不为娱，亡也不知戚。夫亡者，元气去体，贞魂游散，反素复始，归于无端。既已消仆，还合粪土。土为弃物，岂有性情，而欲制其厚薄，调其燥湿邪？但以生者之情，不忍见形之毁，乃有掩骼埋窆⑤之制。《易》曰：'古之葬者，衣以薪、藏之中野，后世圣人易之以棺椁。'棺椁之造，自黄帝始。爰自陶唐，逮于虞、夏，犹尚简朴，或瓦或木，及至殷人而有加焉。周室因之，制兼二代。复重以墙翣之饰⑥，表以旌铭之仪[⑦]，招复含敛之礼[⑧]，殡葬宅兆之期[⑨]，棺椁周重之制[⑩]，衣衾称袭之数[⑪]，其事烦而害实，品物碎而难备。然而秩爵异级，贵贱殊等。自成、康以下，其典稍乖[⑫]。至于战国，渐至穨陵[⑬]，法度衰毁，上下僭杂。终使晋侯请隧[⑭]，秦伯殉葬[⑮]，陈大夫设参门之木，宋司马造石椁之奢[⑯]。爰暨暴秦，违道废德，灭三代之制，兴淫邪之法，国赀糜于三泉，人力单于郦墓[⑰]，玩好穷于粪土，伎巧费于窀穸[⑱]。自生民以来，厚终之敝，未有若此者。虽有仲尼重明周礼[⑲]，墨子勉以古道，犹不能御也。是以华夏之士，争相陵尚，违礼之本，事礼之末，务礼之华，弃礼之实，单家竭财，以相营赴。废事生而营终亡，替[⑳]所养而为厚葬，岂云圣人制礼之意乎？记曰：‘丧虽有礼，哀为主矣。’又曰：‘丧与其易也宁戚。’今则不然，并棺合椁，以为孝恺，丰赀重襚[㉑]，以昭恻隐，吾所不取也。昔舜葬苍梧，二妃不从。岂有匹配之会，守常之所乎？圣主明王，其犹若斯，况于品庶，礼所不及。古人时同即会，时乖则别，动静应礼，临事合宜。王孙裸葬[㉒]，墨夷露骸[㉓]，皆达于性理，贵于速度。梁伯鸾父没，卷席而葬，身亡不反其尸㉔。彼数子岂薄至亲之恩，亡忠孝之道邪？况我鄙蛊，不德不敏，薄意内昭，志有所慕，上同古人，下不为咎。果必行之，勿生疑异。恐尔等目厌所见，耳讳所议，必欲改殡，以乖吾志，故远采古圣，近揆行事，以悟尔心。但欲制坎，令容棺椁，棺归即葬，平地无坟。勿卜时日，葬无设奠，勿留墓侧㉕，无起封树㉖。於戏㉗小子，其勉之哉，吾蔑复有言矣！"朱祇、萧建送丧到家，子胤不忍父体与土并合，欲更改殡，祇、建譬以顾命㉘，于是奉行，时称咨明达。

（《后汉书·赵咨传》）

【注释】

①饰巾出入：以幅巾戴头上，不加冠冕，出入朝廷。②奉：同"俸"。薪水。③抗疾：带病。④籍以黄壤：棺中置土，以承其尸体。⑤掩骼埋窆（biǎn）：埋窆，两字同义连用，均指埋葬。⑥墙翣之饰：墙，载棺车箱。翣，以竹为之，高2尺4寸，长3尺，挂白布，柄长5尺，葬时令人拿着在枢车旁。⑦旌铭之仪：旌铭，一种标识旗帜，上书死者姓名。⑧含敛之礼：含，即饭含，用玉珠塞入口中。敛，用衣服敛裹尸体。⑨宅兆之期：诸侯五日而殡，五月后葬；大夫三日而殡，三月后下葬，士二

日而殡，踰月后下葬。宅兆，墓地。⑩"棺椁"句：帝王之棺四重，诸公三重，诸侯二重，大夫一重。内为棺，外为椁。⑪"衣衾"句：衾，小敛，诸侯、大夫、士都用夹有絮绵的大被遮盖尸体。称，指成套服装，一称即一套。袭，死者穿的衣服。小敛，天子袭十二称，诸公九称，诸侯七称，大夫五称，士三称。大敛，天子百称，上公九十称，侯伯七十称，大夫五十称，士三十称。⑫乖：背离。⑬赜陵：赜废陵迟。⑭晋侯请隧：隧，挖地下墓道，是帝王的葬礼。《左传》载，晋文公朝见周襄王，请求死后挖地下墓道，但未获准许。⑮秦伯殉葬：春秋时，秦缪公死后，用子车奄息、仲行、铖虎三位大臣殉葬。⑯"宋司马"句：宋司马，指春秋时宋国司马桓魋。自造石椁，三年都未造成。⑰"人力"句：单，通殚，用尽。郦墓，指骊山秦始皇墓。⑱窀穸（zhūn xī）：埋葬。⑲"虽有"句，指周公制礼之后，孔子自卫国回到鲁国，又定了下来。⑳替：废。㉑禭：殓死者的衣被。㉒王孙裸葬：王孙，即杨王孙。临终时令其子曰："吾死，可为布囊盛尸，入地七尺。既下，从足脱其囊，以身亲土。"死后果然裸葬。㉓"墨夷"句：墨夷指"墨子"学者夷之。他想见孟子，孟子告诉他，上古曾有不葬自己的亲人的做法，亲人死后丢之于山谷。㉔"梁伯鸾"句：梁伯鸾之父梁护。寓居北地，死后，卷席葬于当地，没有将尸体运回家乡安葬。㉕"勿留墓侧"：东汉流行为父母在墓旁守孝，一般为

三年。㉖封树：堆土为坟，植树为饰。㉗於戏：呜呼。㉘譬以顾命：譬，告诉。顾命，遗命。

【译文】

赵咨字文楚，东郡燕人。父亲赵畅，做过博士。赵咨幼时丧父，有孝顺的行为，州郡推举他为孝廉，他都不就。

延熹元年（公元 158 年），大司农陈奇推荐赵咨，说他极孝顺，有道德，于是升为博士。灵帝初年，太傅陈蕃，大将军窦武为宦官杀害，赵咨称病辞去。太尉杨赐特请他，让他头戴幅巾，不加冠冕，以儒者身份进出讲学议政。后来，举高第，几次升迁做了敦煌太守。因病免职归家，亲自率领子孙种田糊口。

一次，强盗晚上到他家打劫，赵咨怕母亲惊恐，就先到门外迎接强盗，请为他们安排饮食，请求道："老母 80 岁了，有病需要治疗，家里很贫困，无朝夕之储，请多少留下点衣服粮食。"强盗们都惭愧叹息，跪下告辞道："我们太无礼了，侵扰惊夺贤良的人。"说完就奔跑出门，赵咨追出来送东西给他们，没有赶上。从此名声更大了。朝廷征拜议郎，赵咨称病不去，皇上下诏书深加责备，州郡用礼相送，前后多次，赵咨不得已而去应召。

后又拜赵咨为东海相。去上任时，经过荥阳，县令敦煌人曹嵩，是赵咨任敦煌太守时推举的孝廉，在路旁迎候，赵咨没有停留，曹嵩送到亭次，直望到远去的车尘看不到赵咨的身影。对主簿说："赵君名声很大，现在经过我县境界没有停留，一定会被天下笑话！"于是丢下印绶，追到东海。谒见赵咨后，辞别回家。赵咨被当时人所看重到了如此地位。

赵咨为官清廉简朴，按日领取薪水，豪绅及亲族害怕他的俭节。当官三年，因疾请求免职，征拜为议郎。赵咨带病到了京师，临终，告诉他以前的部下官吏朱祇、萧建等，要他们采用薄敛素棺，棺中垫以黄土，以便尸体速朽，早归后土，不要听从子孙而改变计划。于是写下遗书给儿子赵胤道："含气之类，有生必有死，这是天地的定规，自然的至道。因此通达之士，看清了性命，认为存亡就像晦和明，死生就像朝和夕，所以他们活着不追求娱乐，死时也不感到伤悲。死亡，只是元气离开身体，贞魂到处游散，回到原始，归于无际，消亡之后，复回粪土。土是弃物，难道还有性情，而需要人去测度它的厚薄，调理它的干燥潮湿吗？只是凭生者的感情，不忍心看见亲人的形体毁坏，才有掩埋骸骨的做法。《易经》说："古代的死人，穿披上柴草，藏在野地，后世圣人改易为用棺椁下葬。棺椁的制作，从黄帝开始。从陶唐，到虞、夏，还提倡简朴，有的用瓦，有的用木，到殷商才有增加。周朝继承下来，制度兼有二代。又加以瘿瘤等装饰，用铭旌表示死者的身份，讲究饭含、敛尸等礼节，选择殡葬墓地的日期，棺椁、衣衾等的使用，规定等级和层数。这类事繁琐而无实用，品物琐碎而难以办全。然而官阶等级，贵贱不一。自成王、康王以来，典制渐渐不同。到了战国时期，逐渐衰落，法度松弛，上下越位。终于有了晋文公请用墓道，秦缪公用活人殉葬，陈大夫设参门之木，宋司马造石椁的奢侈。到了秦王朝时期，违背道德，废除三代的制度，兴办淫邪的方法，国家的资财浪费到九泉之下，人力竭尽于骊山陵墓工程，玩好伎巧费尽于墓穴。自有人类来，厚葬死者的弊端，没有像这样的。虽有仲尼重明周礼，墨子勉以古道，还是不能抵御。正因为此，华夏之士，争相攀比，违背礼节的根本，从事礼仪的末节，崇尚奢华，抛弃朴实，竭尽家财之所有，以筹划墓葬。废除事生而讲究事死，不管养生只顾厚葬，这难道是圣人制礼的本意吗？《记》说：'丧虽有礼，哀为主矣。'又说：'丧，与其易也宁戚。'现在就不是这样，并棺合椁，认为是孝恺之道，丰赀重癟，用来表示恻隐，这是我所不取的。从前舜帝葬在苍梧，二妃不从，难道有匹配之会，守常之所么？圣主明君，都这样，何况一般官吏百姓，礼所不及。古人时同即会，时不同就不一样，动静应符合礼节，临事应合于适宜。杨王孙裸体而葬，墨夷露骸于野，都是达于性理，贵于速变。梁伯鸾的父亲死了，卷席葬于当地，没有归葬家乡。这几位难道是薄至亲之恩，无忠孝之道吗？何况我鄙陋，不德不敏，薄意内明，志向慕于古圣，上同古人，下不为咎。一定实行薄葬，不要产生疑异。我担心你们目嫌所见，耳讳听人所议，必欲改殡，违背我的志向，所以远采古圣人的行事，近采近人作为，以晓悟你们的心。只要挖个土坎，能放下棺椁即可，棺木回了即葬，平地不要起坟，不要占卜选择下葬日期，也不必祭奠，不用在墓侧守丧，不要在墓边种树。呜呼小子，勉励行事，我讨厌再多说了！"朱祗、萧建送丧到家，儿子赵胤不忍心让父亲身体与土合并，想更改殡葬之法，朱祗、萧建告诉他父亲的遗命，于是照赵咨的遗言行事，当时人称赵咨是明达之士。

德　操

贾逵确立《左传》学

贾逵字景伯，扶风平陵①人也。九世祖谊，文帝时为梁王太傅。曾祖父光，为常山太守。宣帝时以吏二千石自洛阳徙焉。父徽，从刘歆受《左氏春秋》兼习《国语》、《周官》，又受《古文尚书》于塗恽，学《毛诗》于谢曼卿，作《左氏条例》二十一篇。

逵悉传父业，弱冠能诵《左氏传》及《五经》本文，以《大夏侯尚书》教授，虽为古学，兼通五家《谷梁》之说②。自为儿童，常在太学，不通人间事。身长八尺二寸，诸儒为之语曰："问事不休贾长头。"性恺悌，多智思，儗僾有大节。尤明《左氏传》、《国语》，为之《解诂》五十一篇③，永平中，上疏献之。显宗重其书，写藏秘馆。

……

肃宗立，降意儒术，特好《古文尚书》、《左氏传》。建初元年，诏逵入讲北宫白虎观，南宫云台。帝善逵说，使发出《左氏传》大义长于二传者。逵于是具条奏之曰：

"臣谨摘出《左氏》三十事尤著明者，斯皆君臣之正义，父子之纪纲。其余同《公羊》者十有七八，或文简小异，无害大体。至如祭仲、纪季、伍子胥、叔术之属，《左氏》义深于君父，《公羊》多任于权变，其相殊绝，固以甚远，而冤抑积久，莫肯分明。

臣以永平中上言《左氏》与图谶合者，先帝不遗刍荛，省纳臣言，写其传诂，藏之秘书。建平中，侍中刘歆欲立《左氏》，不先暴论大义，而轻移太常，恃其义长，诋挫诸儒，诸儒内怀不服，相与排之。孝哀皇帝重逆众心，故出歆为河内太守。从是攻击《左氏》，遂为重仇。至光武皇帝，奋独见之明，兴立《左氏》、《谷梁》，会二家先师不晓图谶，故令中道而废。凡所以存先王之道者，要在安上理民也。今《左氏》崇君父，卑臣子，强干弱枝，劝善戒恶，至明至切，至直至顺。且三代异物，损益随时，故先帝博观异家，各有所采。《易》有施、孟，复立梁丘，《尚书》欧阳，复有大小夏侯，今三传之异亦犹是也。又《五经》家皆无以证图谶明刘氏为尧后者，而《左氏》独有明文。《五经》家皆言颛顼代黄帝，而尧不得为火德④。《左氏》以为少昊代黄帝，即图谶所谓帝宣也。如令尧不得为火，则汉不得为赤。其所发明，补益实多。

陛下通天然之明，建大圣之本，改元正历，垂万世则，是以麟凤百数，嘉瑞杂沓。犹朝夕恪勤，游情《六艺》，研机综微、靡不审覈⑤。若复留意废学，以广圣见，庶几无所遗失矣。"

书奏，帝嘉之，赐布五百匹，衣一袭，令逵自选《公羊》严、颜诸生高才者二十人，教以《左氏》，与简纸经传各一通。

逵母常有疾，帝欲加赐，以校书例多，特以钱二十万，使颍阳侯马防与之。谓防曰："贾逵母病，此子无人事于外⑥，屡空则从孤竹之子于首阳山矣⑦。"

逵数为帝言《古文尚书》与经传《尔雅》诂训相应，诏令撰《欧阳》、《大小夏侯尚书古文》同异。逵集为三卷,帝善之。复令撰《齐》、《鲁》、《韩诗》与《毛氏》异同。并作《周官解故》。迁逵为卫士令⑧。八年,乃诏诸儒各选高才生,受《左氏》、《谷梁春秋》、《古文尚书》、《毛诗》,由是四经遂行于世。皆拜逵所选弟子及门生为千乘王国⑨郎,朝夕受业黄门署,学者皆欣欣羡慕焉。

逵所著经传义诂及论难百余万言,又作诗、颂、诔、书、连珠、酒令凡九篇,学者宗之,后世称为通儒。然不修小节,当世以此颇讥焉,故不至大官。永元十三年卒,时年七十二岁。朝廷愍惜⑩,除两子为太子舍人。

(《后汉书·贾逵传》)

【注释】

①扶风平陵:扶风,郡名,治槐里,在今陕西兴平县东南。平陵,县名,在今陕西咸阳县境内。②五家《谷梁》之说:指尹更始、刘向、周庆、丁姓、王彦等五家研究《春秋谷梁传》的学说。③《解诂》五十一篇:即《左氏解诂》30篇、《国语解诂》21篇。④火德:古人推崇金木水火土阴阳五行学说,认为尧是以火德为王。⑤覈(hé):实。⑥无人事于外:在外与别

人无交往。⑦"屡空"句：商周时，伯夷、叔齐为孤竹君之子。周灭商，伯夷、叔齐隐居于首阳山，不食周粟，最后饿死。⑧卫士令：官名。掌南、北宫，秩比600石。⑨千乘王国：章帝之子刘伉，封为千乘王。千乘王国即指其封国。⑩愍惜：怜悯。

【译文】

贾逵字景伯，扶风平陵人。九世祖贾谊，汉文帝时担任过梁王刘揖的老师。曾祖父贾光，担任过常山太守，汉宣帝时以吏2000石，从洛阳迁至平陵。父亲贾徽，跟随刘歆学习《左氏春秋》，还学习《国语》、《周官》，又向徐恂学习古文《尚书》，向谢曼卿学习《毛诗》，著有《左氏条例》21篇。

贾逵完全继承父亲的学业，20岁时能读《左氏传》和《五经》本文，用《大夏侯尚书》教授门徒，尽管是古学，可兼通五家《谷梁》的学说。从儿童时起，就常在太学，不了解世上的事务。身高8.2尺，一些儒生取笑他说："问事不休贾长头。"意思是说贾逵个头很高，可对人间交往生活等事不了解，喜欢问这问那。他性格和乐平易，极聪明，喜思考，卓异于众而有大节。尤其对《左氏传》、《国语》有研究，写了这两部书的"解诂"51篇。永平年间，上疏献给皇帝。显宗极为重视，令人将它抄写一份藏在秘馆中。

……

　　肃宗继位，推崇儒家学术，尤其喜欢《古文尚书》、《左氏传》。建初元年（公元 76 年），诏贾逵进北宫白虎观、南宫云台讲学。他赞赏贾逵的讲法，要贾逵发挥《左氏传》的大义比《公羊》、《谷梁》二传见长的地方。贾逵因此逐条奏明道：

　　"臣谨挑选出《左氏》特别著名的 30 件事，都是宣扬君为臣纲的正义，父为子纲的正理。其余十之七八与《公羊》相同，有的文字简略，小有差异，无伤大体。至如写到祭仲、纪季、伍子胥、叔术等人，《左氏》深刻发挥君臣的大义，《公羊》多认为是通权达变，这就相差极远，世人冤抑《左传》太久，而莫肯分清是非。

　　臣在永平年间曾经上书谈到《左氏传》中某些与图谶相合的地方，先帝没有遗弃刍荛之言，采纳了臣的话，由臣写出详细的讲解，藏在秘馆。建平年间，侍中刘歆想立《左氏传》，可他不先摆出大义，而轻易地交给太常，自认为理由充足，足以挫败那些儒生。可儒生们内心不服，联合起来抵制。孝哀皇帝又迎合众人心理，所以出任刘歆为河内太守。从此大家攻击《左氏传》，成了众矢之的。到了光武皇帝，有独特的见地，兴立《左氏》、《谷梁》两家，恰巧两家先师不通晓图先之学，因此半途而废了。凡是保存先王之道的书籍，要害在于安上理民。《左氏》推崇君父之道，卑臣子，这是强干弱枝，劝善戒恶，道理甚为明白切当，直接顺达。而且三代时不同事物，随时有所增减，因此先帝广泛观察各种学说，采取各家之长。例如《易经》有了施雠、孟喜两家，又立梁丘贺氏；《尚书》有了欧阳和伯一家，又有大夏侯胜、小夏侯建两家。如今三传各不相同，也是这个道理。又《五经》各家都不能用图谶来证明刘氏是尧帝的后代，而《左氏》独有明文能够说明。《五经》家都说颛顼代替黄帝，而尧不得为火德。但《左氏》却认为少昊代替黄帝，就是图谶所讲的帝宣。倘若尧不得火德，那么汉就不得为赤德。它所发明的见解，很能说明一些道理。

陛下通晓天然的聪明，建大圣的根本，更改年号，修正历法，为万代做出典范，所以，麟凤百数呈祥，好兆头屡次出现，陛下仍然早晚勤勉，钻研《六艺》，对细微之处，也无不审理核实。倘若再留心一些废学，增广一些见闻，那就没有什么遗失的了。"

书奏上去，皇帝特别嘉奖，赏赐布 500 匹，衣一套，命令贾逵自己挑选《公羊》学派的严、颜诸生有高才的 20 人，以《左氏传》作教材，给予竹简和纸写的经传各一通。

贾逵的母亲时常有病，皇帝想加赐一些财物，由于校书例多，特地拿出钱 20 万，派颍阳侯马防送去。对马防说："贾逵的母亲病了，他与外界没有什么交往，再穷困就会像伯夷、叔齐在首阳山那样做饿鬼了。"

贾逵多次给皇帝讲《古文尚书》与经传《尔雅》的诂训相

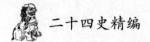

呼应，皇帝下诏书命他著《欧阳、大小夏侯尚书古文同异》。贾逵集中写了三卷，皇帝觉得很好。又叫他写《齐、鲁、韩诗与毛诗异同》，并作《周官解故》。提升贾逵作卫士令。建初八年（公元 83 年），章帝（肃宗）下诏诸儒各选高才生学习《左传》、《谷梁春秋》、《古文尚书》、《毛诗》，从此四经便流行于世。都封贾逵所选弟子和门生作千乘王国郎，早晚在黄门署学习，学者都非常向往和羡慕。

……

贾逵所著经传义诂及论难百万多字，又作诗、颂、谏、书、连珠、酒令共九篇。学者十分崇拜他。后代称他为通儒。可他为人不大注意小节，当世对此有些讥讽，因此没有做成大官。永元十三年（公元 101 年）死去，时年 72 岁。朝廷怜悯他，封他两个儿子作太子舍人。

严子陵归隐富春山

严光字子陵，一名遵，会稽①馀姚②人也。少有高名，与光武同游学。及光武即位，乃变名姓，隐身不见。帝思其贤，乃令以物色③访之。后齐国上言："有一男子，披羊裘钓泽中。"帝疑其光，乃备安车玄纁，遣使聘之。三反④而后至。舍于北军，给床床褥，太官朝夕进膳。

司徒侯霸与光素旧，遣使奉书。使人因谓光曰："公闻先生至，区区欲即诣造，迫于典司，是以不获。愿因日暮，自屈语言。"光不答，乃投札与之，口授曰："君房⑤足下：位至鼎足，甚善。怀仁辅义天下悦，阿谀顺旨要领绝。"霸得书，封奏之。帝笑曰："狂奴故态也。"车驾即日幸其馆。光卧不起，帝即其卧所，抚光腹曰："咄咄子陵，不可相助为理邪？"光又眠不应，良久，乃张目熟视，曰："昔唐尧著德，巢父洗耳⑥。士故有志，何至相迫乎！"帝曰："子陵，我竟不能下汝邪？"于是升舆叹息而去。

复引光入，论道旧故，相对累日。帝从容问光曰："朕何如昔时？"对曰："陛下差增于往。"因共偃卧，光以足加帝腹上。明日，太史奏客星犯御坐甚急。"帝笑曰："朕故人严子陵共卧耳。"

除为谏议大夫，不屈，乃耕于富春山⑦，后人名其钓处为严陵濑焉。建武十七年，复特征，不至。年八十，终⑧于家。帝伤惜之，诏下郡县赐钱百万、谷

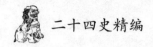

千斛。

（《后汉书·逸民列传》）

【注释】

①会稽：郡名，治所在今浙江绍兴市。②馀姚：县名。③物色：形貌。④反：同"返"，返回。⑤君房：侯霸的字。⑥巢父洗耳：巢父，古隐士，以树为巢居之，故名。尧让天下，不受。洗耳，实乃当时另一隐士许由所为。尧召许由为九州长，许由不想闻，洗耳于颍水之滨。⑦富春山：在浙江桐庐县西。⑧终：死亡

【译文】

严光字子陵，又名遵，会稽余姚人。年轻时就享有清高的名声，与光武一同学习。光武做了皇帝后，严光就改名换姓，隐居不出。光武帝念及他的才能，就派人拿着他的图像四处寻找。后来齐国有人报告："有一个男子，身披羊裘在泽中钓鱼。"光武帝疑是严光，就备了安车玄纁，派使者去请他。请了三次才把严光接到京师，让他住在北军的军营里，送给床褥，由太官早晚送饭。

司徒侯霸和严光是老朋友，派人送信给严光。送信人顺便对严光说："侯公听见先生到了，本想立即来看您，迫于公务

在身，因此没有来。希望您在黄昏时到他那里去谈谈。"严光不答话，把纸笔丢给来人，口授说道："君房足下：做了三公，很好。怀着善心，辅以道义，天下人就会高兴；阿谀奉承，唯命是从，就会遭杀身之祸。"侯霸看了信，密封送给光武帝。光武帝笑道："真是狂奴的老样子啊！"当天就到严光居住的馆舍。严光躺着不起来，光武帝走到床边，摸着他的肚子说道："唉呀！子陵，就不能帮我治理国家吗？"严光还是睡着不吱声，过了许久，才睁开眼睛盯着光武帝，说道："古时唐尧很有德行，想把帝位让给巢父，巢父听完洗了自己的耳朵。天下士人各有志向，何必强迫人家！"光武帝又说："子陵，我竟不能使你屈就吗？"因此坐上车子叹息着走了。

光武帝又叫人引严光入殿，两人相对谈论故旧，谈了几天。光武帝从容问严光说："我比以往如何？"严光回答说："陛下比过去稍胖了一点。"因此一起睡觉，严光把脚放在光武帝的肚子上。第二天，太史报告，天上有客星侵犯帝座，情况十分紧急。光武帝笑着说："我和老朋友严子陵一同睡觉哩！"

光武帝拜严光为谏议大夫，严光不任。于是在富春江种田。后人把严光钓鱼的地方叫作严陵濑。建武十七年（公元 42 年），又特地派人去请严光，严光没有来。严光活到 80 岁，死在家里。

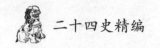

马援不做守财奴

马援字文渊，扶风①茂陵②人也。其先赵奢为赵将，号曰马服君③，子孙因为氏。武帝时，以吏二千石自邯郸徙焉。曾祖父通，以功封重合侯，坐兄何罗反，被诛，故援再世不显④。援三兄况、余、员，并有才能，王莽时皆为二千石⑤。

援年十二而孤，少有大志，诸兄奇之。尝受《齐诗》⑥，意不能守章句，乃辞况，欲就边郡田牧。况曰："汝大才，当晚成。良工不示人以朴⑦，且从所好。"会况卒，援行服朞年⑧，不离墓所；敬事寡嫂，不冠不入庐。后为郡督邮，送囚至司命府⑨，囚有重罪，援哀而纵之，遂亡命北地。遇赦，因留牧畜，宾客多归附者，遂役属数百家。转游陇汉间，常谓宾客曰："丈夫为志，穷当益坚，老当益壮。"因处田牧，至有牛马羊数千头，谷数万斛。既而叹曰："凡殖货财产，贵其能施赈也，否则守钱虏耳。"乃尽散以班昆弟故旧⑩，身衣羊裘皮绔。

（《后汉书·马援传》）

【注释】

①扶风：即汉右扶风，郡名，在今陕西咸阳县东。②茂陵：汉武帝陵墓所在地。宣帝时始为县，在今陕西兴平县东北。③马服君：战国时，赵惠文王以赵奢有功，赏赐给他的爵号。④再世不显：祖父、父亲不得任朝廷要官。⑤二千石：此指太守。⑥《齐诗》：齐国人辕固生所传的《诗经》，称《齐诗》，今多已散佚不存。⑦朴：大木材。⑧朞（jī）年：一年。⑨司命府：王莽置司命官，主管军事。司命府即司命衙门。⑩"乃尽散"句：班，分发。昆弟，兄弟。

【译文】

马援字文渊，扶风茂陵人。他的先祖赵奢为赵将，爵号马服君，子孙因以为姓氏。武帝时，以吏两千石自邯郸迁到茂陵。曾祖父马通，以功封为重合侯，因兄长马何罗谋反遭连累被杀，因此马援的祖父及父辈不得为显官。马援的三个哥哥马况、马余、马员都有才能，王莽时都任太守。

马援12岁时就成了孤儿，年少志大，几个哥哥觉得奇怪。曾教他学《齐诗》，可马援心志不能拘守于章句之间，就辞别兄长马况，想到边郡去耕作放牧。马况说："你有大才，当晚些时候才有成就。好的工匠不告诉人以大木材，暂且听从你所喜爱。"巧逢马况去世，马援身着丧服一年，不离开墓所；敬事寡嫂，不结好发戴好帽子就不进庐舍。后来作了郡的督邮，解送囚犯到司命府，囚犯有重罪，马援可怜他把他放了，就逃亡北地。赦免后，就留下牧畜，宾客们多归附于他，因此拥有役属数百家。转游陇汉之间，常对宾客们说："大丈夫的志气，应当在穷困时更加坚定，年老时更加壮烈。"因地制宜，从事耕作放牧，致有牛马羊数千头，谷数万斛。既而又叹道："凡是从农牧商业中所获得的财产，贵在能施赈救济别人，否则就不过是守财奴罢了！"因此将财产尽分散给了哥哥和故旧好友。身上穿着羊裘皮裤过日子。

传世故事

吕布反复无常被杀

吕布，字奉先，汉末人。起初为骑都尉丁原的主簿，丁原待他亲如父子。汉灵帝死后，丁原接受大将军何进的召请，率兵前往洛阳，出任执金吾，吕布也随侍左右。

那时，董卓为篡汉正在努力扩充实力，他见吕布骁勇善战，就设计收买吕布。吕布利欲熏心，杀死丁原，率丁原的兵众投靠了董卓。董卓任命吕布为骑都尉，认他为义子，待他如心腹。不久，董卓又升他为中郎将，封都亭侯，日常出入总是让他随身侍卫。后来，吕布曾因小过失触怒了董卓，董卓拔戟投将过去，差点儿要了吕布的命。吕布赶紧恭恭敬敬地道歉，董卓这才消气。二人表面上和好如初，吕布内心却已对董卓产生了怨恨。以后吕布又同董卓的侍妾发生了暧昧关系，他惟恐漏出马脚，常觉不安。正巧司徒王允阴谋除掉董卓，他就暗中拉拢吕布，让吕布作内应。吕布见王允劝他杀掉义父，有些为难，王

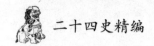

允便劝道："您姓吕，他姓董，本来就不是骨肉至亲。您现在担惊受怕，惟恐被杀，您与他像父子关系吗？而且，他掷戟刺杀您时，还有父子之情吗？"于是，吕布又转而投靠王允，刺杀了董卓。王允任他为奋威将军，封温侯。

董卓虽死，他的部下李傕（jué）却不肯善罢甘休。吕布与其对阵不敌，便率百余名骑兵奔南阳投靠袁术。袁术本来待他不错，他自以为杀董卓有功，纵容部下任意抢掠。袁术感到这种人是个麻烦。吕布发现袁术的不快，便又领兵离开了袁术。以后，他忽投张杨，忽投袁绍，几经辗转，总算被陈留太守张邈和陈宫等迎为兖州牧，在濮阳落下脚来。然而，曹操听说后，即率大军攻打吕布。经过两年多时间，曹操终于破吕布于巨野，吕布只好投奔刘备。

刘备其时管领徐州，驻兵下邳。他没想到投靠自己的吕布却又听从袁术的计策，率兵偷袭他，弄得他妻子儿子被俘，自己逃往海西。刘备在海西人困马乏，粮草断绝，只好投降吕布。吕布恨袁术答应给他粮食却不送来，就派车马迎回刘备，让他当豫州刺史，屯兵小沛。当袁术遣大将纪灵率兵三万攻打刘备时，吕布又引兵前去援救刘备，并辕门射戟，使袁刘两家罢兵。

建安三年（198），吕布又和袁术联手，派大将高顺进攻屯驻小沛的刘备，刘备城破败走。曹操让夏侯惇（dūn）援助刘备，也为高顺击败，于是曹操亲率大军攻伐吕布。兵临下邳城下时，曹操派人送信给吕布，陈述利害关系，劝其投降。吕布想投降，但被陈宫劝阻了，可他又不听陈宫的破曹之计。他暗中派人求救于袁术，袁术没法增援，他只好困守孤城。

曹操见吕布不降，便围着下邳城挖沟，引沂、泗二水灌城。城中的吕军军心涣散，上下离德。吕布的部将侯成不满于吕布的苛责，与几个将领一起擒下陈宫、高顺，率众投降了曹操；吕布与几个部下登上下邳城南门的白门楼。曹兵将白门楼团团围住，吕布只好投降。

曹操、刘备等人坐定白门楼，吩咐人带上吕布。吕布见过曹操，说道："从今以后，天下可以平定了。"曹操回答："为什么？"吕布道："方今之世，您最担心的不过是我吕布，而我已经投降。如果让我统领骑兵，而您统领步兵，那么平定天下岂不易如反掌！"曹操听了，有些心动。吕布又回过头来，对刘备说道："玄德，现在您为座上客，我是阶下囚，绳子把我捆得这么紧，您难道就不为我说句话讲个情吗？"曹操笑道："捆绑老虎，岂能不捆得紧一些。"说罢，叫人给吕布松一松。刘备在旁连忙制止道："不行。您忘了吕布是如何对待丁原、董卓的吗？"曹操听了，同意地点了点头。吕布气得盯着刘备道："你这个大耳朵小儿最不值得信赖！"于是，曹操让人绞死了反覆无常的吕布。

（《后汉书·吕布传》）

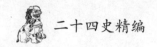

曹孟德借刀杀人

祢衡，字正平，平原般人。才思敏捷，长于辩术，但为人尚气刚傲，清高反俗。建安初年，他来到许都。当时许都新建不久，名人贤士都从四面八方聚集到这里。有的人见祢衡刚到京师，便问他："你何不追随陈长文、司马伯达呢？"祢衡轻蔑地答道："我怎么能追随屠夫酒保！"别人又问他："荀文若、赵稚长怎么样？"祢衡又不屑一顾地说："荀文若，可以借他的面孔去吊丧；赵稚长，可以叫他管管厨房招待客人。"整个许都城内，他能看得上眼的只有孔融和杨修两个人。他常说："大儿孔文举，小儿杨德祖。余子碌碌，不足数也。"

孔融虽然比祢衡年长许多，但对他的人品才干却佩服得五体投地。为了使这位知己"龙跃天衢，振翼云汉，扬声紫微，垂光虹霓"，孔融几次在曹操面前称扬他"目所一见，辄诵于口；耳所瞥闻，不忘于心"，夸赞他"忠果正直，志怀霜雪，见善若惊，疾恶如仇"，甚至说他是"帝室皇居"的"必蓄非常之宝"。曹操本来求贤若渴，爱才如命，听孔融这样一说，便急于见到祢衡。但祢衡向来瞧不起曹操，他自称有"狂病"，不肯前去拜谒，并且有不敬之词。

曹操见祢衡如此态度，就怀恨在心。不过因为祢衡名气颇响，曹操还不想杀他，只打算找个机会羞辱他一下。祢衡精通音乐，善于击鼓，曹操便在一次宴会上叫他充当鼓师，而且要穿上特制的表演服装。轮到祢衡演奏时，他奏了一曲"渔阳参挝"，只见他踏地前行，容态非常，击响的鼓声悲壮，听者莫不慷慨。待到他行近曹操时，堂上官吏喝令他换上鼓师服装。他于是脱了个一丝不挂，当众裸身而立，然后慢腾腾地换上鼓师的衣冠，又奏了一曲，脸不变色心不跳地离席而去。曹操苦笑着说道："原打算羞辱祢衡，反倒叫他羞辱了我。"

事后孔融责备祢衡道："你是位大雅君子，怎么能这么干呢？"接着又向他讲述了曹操渴慕其才的心意，他便答应了面谒曹操道歉。孔融又去见曹操，说祢衡上次犯了狂病，现在恳求亲自登门谢罪。曹操听后大喜，连忙吩咐把门的有客登门要马上通报，而且对待客人要极为热情。

祢衡如约前往曹操驻地。他身着布单衣，头戴粗布巾，手持三尺大杖，来到曹操大营门前，往地上一坐，一边以大杖捶地，一边破口大骂起来。把门的连忙向曹操通报，说外面有个狂生，坐在营门口，出言大逆不道，可否把他抓起来治罪。曹操没想到祢衡放肆到如此地步，直觉得怒火中烧，恨不得立即把祢衡斩首示众，但转念一想，这样做岂不落得个器量狭小不能容人的恶名。便对孔融说道："祢衡这个混小子，我杀他不过像捏死只麻雀、老鼠罢了。但这家伙平素有点儿虚名，杀了

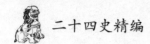

他，周围的人会认为我容不下他。现在我把他送给刘表，看看他会有什么下场。"

祢衡被送到刘表那儿后，果然又因傲慢不逊得罪了刘表，刘表也不愿承担诛杀名人的骂名，把祢衡送给了江夏太守黄祖。黄祖性情急躁，终因祢衡在一次宴会上当众辱骂了他，一怒之下将其处死。借刀杀人的曹操总算出了胸中这口恶气，而后人也并未因为祢衡之死否认曹操有招贤纳士之德。

（《后汉书·文苑列传》）

刘秀忍辱负重

刘秀的长兄刘縯（yǎn），秉性刚毅，为人慷慨。王莽篡汉后，他常常愤愤不平，心怀恢复刘氏江山的大志。所以，他不热心治理产业，而是倾家荡产地交结天下好汉。地皇三年（22），刘縯率子弟兵七八千人举起反叛王莽的旗帜，自称柱天都部，并让刘秀在宛县与李轶同时起兵。刘縯、刘秀兄弟率军作战时，因为得到了新市、平林、下江义军的配合，先后击败了王莽的前队大夫甄阜、属正梁丘正和纳言将军严尤、秩宗将军陈茂，从而威名大振，远近闻风而降。王莽惊恐万分，悬赏捉拿刘縯，开价封邑五万户、黄金十万斤、爵位上公。

新市、平林的将帅担心威望日高的刘縯危及自己的势力，便事先密谋好，立平庸懦弱的刘玄为帝，然后派人找来刘縯，告诉他这一决定。刘縯却认为立帝的时机不成熟，建议姑且称王，号令全军。然而，将军张卬（áng）坚决反对，并拔剑击地，威胁道："做事犹疑，必不成功。今日决定立刘玄为帝，决不许有人反对！"诸将只好听从了他的意见。

更始元年（23）二月，刘玄被拥立为帝，刘縯被任为大司徒，封汉信侯，刘秀被任为太常偏将军。五月，刘縯所部攻陷了宛县；六月，刘秀所部击败了王莽大司徒王寻、大司空王邑率领的百万大军。刘氏兄弟的声名因此愈加威震四方。

更始帝刘玄和大司马朱鲔（wěi）、绣衣御史申屠建等妒忌刘縯德高望重，阴谋借召集诸将会聚之机除掉刘縯。聚会时，刘玄拿过刘縯的宝剑观看，申屠建顺势向刘玄献上一块玉玦，暗示他迅速决断，杀掉刘縯，刘玄却始终未敢发出诛杀刘縯的指令。散会后，刘縯的舅父樊宏提醒他道："从前的鸿门宴，范增曾举玉玦暗示项羽杀掉刘邦。今天申屠建献玉玦恐怕不怀好意吧？"刘縯只是付之一笑。刘秀对阿谀朱鲔等人的李轶也心存戒备，他劝刘縯不可再信任李轶，刘縯也不予理会。

刘縯有位部将刘稷，这个人勇冠三军，曾几次冲锋陷阵，击溃围兵。他听说刘玄即位时，怒道："本来起兵造反、欲建功业的是刘縯兄弟，这位刘玄是干什么吃的？"刘玄及其亲信得知后，心中深恨刘稷，待委任他为抗威将军而他不肯接受时，

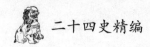

便决定着手除掉他和刘縯。一天，刘玄与他的亲信将领朱鲔、李轶等派了数千人马，逮捕了刘縯、刘稷，当天将其杀死。

当时，刘秀刚刚领兵攻下颍阳。他得知兄长遇害的消息后，觉得自己的势力不足以与更始帝君臣公开对抗，便装出一副忠诚、懦怯的样子，立即赶到宛县，向刘玄当面谢罪。刘縯的属下迎接刘秀时都向他表示哀悼之情，而他却一句心里话没说，只是怪罪自己而已。见过刘玄后，他既未提起自己战胜王寻、王邑的大功，又未敢为兄长刘縯服丧，饮食言笑和平素一样，丝毫未露出伤感、怨恨的情绪。更始帝刘玄见刘秀如此服服贴贴，自己倒有些不好意思，于是任命刘秀为破虏大将军。此后，刘秀利用刘玄对他的信任，渐渐壮大了自己的势力，最后得以取而代之，成为东汉的开国皇帝，而刘玄则于众叛亲离、投降赤眉后，为赤眉将领谢禄杀害。

（《后汉书·光武帝纪》等）

汉光武帝偃武修文

汉光武帝刘秀是汉高祖刘邦的九世孙，少年时喜好农事，勤于稼穑。他哥哥刘伯升好侠养士，常常取笑他像刘邦的哥哥刘仲一样爱好耕田种地。新莽天凤年间（14—19），刘秀赴长安跟中大夫庐江许子威学习《尚书》，粗通了大义。王莽末年，天下大乱，刘秀于南阳宛县起兵反抗王莽。经过两年半的杀伐征战，刘秀于建武元年（25）称帝。

刘秀在率领武将建立东汉王朝的过程中，一直忙于南征北战，东挡西杀，没时间顾及传统的经术和教育。当时，王莽篡汉已成强弩之末，天下乱成一团，前汉的一套礼乐制度分崩离析，古籍经典残乱不堪。刘秀立国后，十分注重文治对巩固政权的重要作用，加上他本来爱好经术，因此，他每到一地，来不及下车，就首先拜访当地的儒雅之士，搜求缺失的经典，补缀逸漏的篇章。本来四方的儒生学士都携带许多图书，逃往山中林下，如今看到刘秀如此重视经术，便都带着经典古籍争先恐后地赶往京师，如范升、陈元、郑兴、杜林、卫宏、刘昆、桓荣等饱学之士均接踵而至。刘秀还建立了五经博士制度，让博士各以家德传业授徒，使学术出现了诸家纷出的局面，如《易》有施氏、孟氏、梁丘氏、京氏各派，《尚书》有欧阳、大小夏侯诸派，《诗》有齐、鲁、韩三家，《礼》有大戴、小戴二派，《春秋》有严氏、颜氏各家。而且，搜集的图书数量也渐渐可观起来，刘秀由高邑迁还洛阳时，运载书籍的车子已多达两千余辆。之后，图书又增加了两倍。

建武五年（29），刘秀又在洛阳城开阳门外修建了太学。学生们在太学之中研读经书，模拟古代的礼乐仪式。当时，在刘秀倡导的此风影响下，身穿儒衣、口称先王、寄身学校者颇

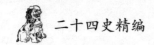

为众多。博士所在的地方，学生们不远万里而来求教，背着粮食而上学的成百上千。对于年高名盛的博士，前来受教而列于名簿上的弟子竟不下万人之多。

特别是平定了陇、蜀之后，光武帝刘秀更是偃武修文，专事经学，除非有紧急情况，口不言兵家之事。一次，皇太子曾向刘秀问及攻战之事，刘秀答道："从前卫灵公向孔子询问如何摆列战阵，孔子不予回答。军队上的事，不是你该过问的。"皇太子见他每天清晨上朝，日斜下朝，总是与公卿将相讨论经国之道，夜半才能休息，忍不住劝道："陛下有夏禹、商汤的才智，却没有黄老修身养性的福气。望您保重精神，轻松一些"。刘秀却说："我乐此不疲。"他虽然完成了立国大业，却兢兢业业，仿佛尚未开国一般。由于他懂得经术，总揽朝纲，量时度力，所以治政大体并无过失。史家说他"退功臣而进文吏，戢弓矢而散马牛，虽道未方古，斯亦止戈之武焉"。

（《后汉书·光武帝纪》等）

吕布杀董卓

吕布，字奉先，是五原郡七原（今包头市西北）人，以骁勇英武而闻名。刺史丁原做骑都尉屯兵河内时，任用吕布作主簿（主官属下掌管文书的亲吏），对他特别亲近优待。汉灵帝死后，丁原带兵入攻洛阳，与何进一起讨伐宦官势力。何进兵败，董卓入主京都，准备杀掉丁原，火并他的兵众。董卓知道吕布深受丁原亲信，就诱降吕布让他杀掉丁原，吕布就斩了丁原首级去拜见董卓。董卓让吕布做都骑尉（掌管骑兵之事），对他十分宠爱信任，并且与吕布立誓，结成父子关系。

吕布擅长骑马射箭，膂力过人，有号称"飞将"。董卓得势后让他升迁为中郎将，封都亭侯。董卓深知自己平时对人无礼，树敌甚多，害怕有人谋害他，于是他行走坐立都让吕布守卫在侧。然而董卓性格刚愎而偏激，发起怒来则从不顾忌后果。有一次曾经因一件小事而手持戈向吕布掷去，吕布很敏捷地躲避过去了，随后他马上变脸色向董卓致歉，董卓也解了气。吕布从此对董卓怀恨在心。董卓常派吕布为他守卫中府，因此他又与董卓宠爱的婢女私通了。吕布害怕此事泄露，心中非常不安。

那时候，何进的心腹王允自从何进被诛杀后，就一直跟随董卓。王允对董屈意奉承。董卓看他既有忠心又有才能，就毫不生疑，让他主持朝中诸多大事，内外无不倚重于他。王允见董卓毒辣残暴，要篡夺汉位，就与士孙瑞、杨瓒等人一起密谋除掉董卓。因为董卓也膂力过人，能够左右开弓，况且又侍卫严密，一般人是很难刺杀他的，他们想到吕布，决定利用吕布的身份和他的武力。他们把刺杀的计划告诉了吕布，让他作内应。吕布说："我和他是父子关系，怎么办呢？"王允说："君姓吕，与他本来就不是骨肉亲情。现在你连自己的命都不一定保得住。他投戈戟刺你时，难道想到过父子关系吗？"吕布便答应了王允他们。

汉献帝初平三年（193），皇帝生病初愈，要在未央殿大会群臣。董卓朝服驾车而行，半途马惊坠入泥中，董就回来换衣服，他的美妾让他不用上朝，董不听，又去上朝。于是董卓在道路两旁都设了卫兵，从门墙到宫殿，左边步兵，右边骑兵，屯卫极其严密，让吕布等人在前后护卫他。王允就与士孙瑞秘密向皇上表奏了当晚的行动，让士孙瑞拟了诏书授令吕布，命令骑都尉李肃与吕布等二十多个坚定的勇士穿上卫士的服装在北掖门内等待董卓。董卓快到时，马惊警不愿向前再走。董卓觉得奇怪要回家，吕布加以劝说，才入门上朝。李肃用戟刺董卓，因董卓穿着铠甲而没有刺进，只是伤了臂膀从车上摔下来，董卓朝四面喊："吕布在哪里？"吕布回答："有皇上圣诏在此，命诛讨贼臣。"董卓大骂："狗东西怎敢这样！"吕布应声用矛刺中了董卓，接着斩杀了他。董卓的主薄田仪和家奴等都前赴护着董卓尸体，吕布又杀了这些人。于是颁敕诏书，士兵们无不高呼万岁，百姓都在道路上欢歌跳舞。

（《后汉书·董卓传》等）

官渡之战

公元 199 年，袁绍消灭公孙瓒后，声威大振，并有幽、冀、青、并四州，辖境相当于今陕西北部、山西、河北、山东一带广大地区，成为东汉末期势力最强的军阀。此时的袁绍雄心勃勃，踌躇满志，计划亲统大军进攻曹操"挟天子以令诸侯"的许县，企图消灭曹操后过过做皇帝的瘾。

曹操麾下众将闻知袁绍将大举来攻，皆面露惧色。时许县一带曹操的将士不过三五万人，骤临强敌，曹操想必亦得心惊，但他却不露畏惧之色，率兵至官渡屯扎，准备迎敌。

官渡在今河南省中牟东北，临官渡河，是此河的主要渡口，往南不足二百里即是许都。官渡左、右一带因北临黄河，多为斥泽，芦苇丛生，交通不便。袁绍南下攻许，最近的路线便是通过官渡径直南下，故而官渡实为南北要冲，曹操在此屯军，就是为了扼住袁绍南下之路。

第二年，袁绍选精兵十万人，骑兵一万，胡骑八千，浩浩荡荡而至官渡，在此依沙堆为屯，东西横亘数十里。曹操见袁绍势大，急调守卫原武的于禁所部回官渡助守。曹操于日食之日率兵出击袁绍，无功而还，于是坚壁不出。袁绍军筑土山居高临下以射曹军，曹操亦令于禁率军士筑土山还击，并制造

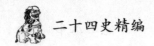

"霹雳车"，发射石头以击土山上的袁军。袁军仰攻不成，又转为地下，企图掘地道以袭曹营。曹操令士兵们沿营壁挖长皋以拒之，袁军利用地道偷袭的计划又失败了。

本来，袁绍以为大军所到，势如破竹，乃令将士们各自拿一条三尺长的绳子，等操军败时将曹操擒缚。不意两军攻守了三个多月，袁军竟不能前进一步。而此时，曹军中也面临粮尽的威胁，粮食一尽，必生内乱，曹操忧心忡忡，欲引军退守许都，又怕军退之时，袁绍麾军追击，将会一败涂地，故延宕不决，于是写信与许都留守荀彧商量。

荀彧是曹操的重要谋士，在曹操生死存亡的紧急关头，他审时度势，认为曹军在粮尽的情况下，如果一退，必将招致袁军的追击，不仅曹操的官渡守军会被歼灭，许都也势必难保。因此荀彧指出了两军对峙之时一方先退的严重后果，鼓励曹操坚守官渡，用奇计袭破袁绍，这是战胜袁军的一个惟一可行的方略。

曹操得荀彧信后，决计坚守官渡，寻找袁军的纰漏，以奇兵袭破之，从而扭转战场上的被动局面。

碰巧，曹操获悉袁绍之将韩猛押运粮草将至袁绍军中，遂用谋士荀攸之计，派许晃、史涣引一军悄悄离营，间道北上，在故市截击韩猛的运粮车队，韩猛仓促应战，被打得大败而逃，许晃等乃尽烧袁绍的粮草辎重而归。与此一来，袁绍军中也眼看就要断炊，袁绍只得再调粮草运来，并派淳于琼发兵万余人迎接运粮队至于故市、乌巢。这一带是黄河冲积下的沙丘水泽，距袁绍军北营有四十里。

袁绍的谋士许攸鉴于两军相峙而无功，便向袁绍建议分军绕道奇袭许都，劫持天子以令诸侯。曹操老巢一失，则败亡无日。袁绍却说："吾要当先取操！"遂不采纳许攸的意见。

这时，许攸的家人犯法，被袁绍留守之将逮捕，许攸大怒，竟奔逃至曹营投靠曹操。曹操闻许攸来投，大喜过望，光脚出来迎接。许攸问："袁军甚盛，公还有几日之粮？"曹操道："尚能维持一年。"许攸摇头道："不对！请实言相告。"曹操道："可支半年。"许攸问："足下不想破袁绍吗？怎不讲实话？"曹操乃道："刚才我与你开玩笑，军中粮食实可维持一月，你有什么好计策吗？"许攸遂献计道："袁绍粮草辎重均在故市、乌巢，屯军守备不严，若以奇兵袭之，烧其粮草，不出三日，袁氏必败！"

曹操此时粮草殆尽，欲战不能胜，欲退必致败，已陷入进退维谷之绝境。故闻许攸之计，不辨真伪，毅然亲自率精兵五千潜离官渡，用袁军旗帜暗号，于夜间偷偷至乌巢，包围起袁军守兵，突然放火，袁军大惊，自相纷乱，至黎明，淳于琼才发现曹军人少，乃集合军队列阵。曹操急率军攻之，淳于琼退回营地，以保护粮草辎重。

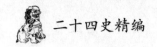

袁绍见乌巢火起，仅派轻骑往救，而自统大军进军曹营。袁绍认为，与其去救乌巢，不如进攻曹营，以收"围魏救赵"之效。

袁绍的轻骑至乌巢时，有人建议曹操分兵拒敌，曹操道："敌人到了背后再说！"乃率众猛攻淳于琼，将士皆死战，终于击溃淳于琼军，生俘淳于琼，斩首千余，皆割其鼻。牛马则被曹军割下唇舌。聚积在乌巢的袁军粮草辎重，也被曹军烧了个净光。

然后，曹军回头再战袁绍派来的援军，大败之，斩其将赵睿，顺利返回官渡。这时，袁绍大将张郃攻曹营不克，中军监军郭图向袁绍进谗攻击张郃，张郃忧惧，干脆阵前倒戈，投降了曹操。曹操令奇袭乌巢的将士们将被斩杀的袁军的鼻子和牛马的唇舌展示给袁军士兵们，袁军大骇，曹操乘势麾军杀出，袁军不战自乱，四散而逃。袁绍见事不可为，乃率八百骑仓惶北窜，曹军穷追不舍，一直追到延津。

官渡之战，曹操以少击众，以弱胜强，俘虏袁绍败卒十余万，缴获珍宝财物无数，一举奠定了统一北方的基础。

（《后汉书·袁绍传》等）

樊重工于心计　勤劳持家

　　西汉末年，在南阳湖阳（在今河南省唐河县西）大户主人叫樊重，字君云。他家几代人都善于经营农业，也喜欢作生意。樊重外表温和厚道，却是工于算计。他家三世同堂，他把这个大家庭管理得井井有条。他订立的家规制度，条条款款，都很严密；执行起来，也很严格。早晨起来，子孙们都要过来给他行礼；晚上睡前，大家还要过来给他问安。

　　在安排家业上，他更是精打细算。无论什么东西，只要是他家的，他就一定要给它派上用场，让它发挥应有的作用，决不随意丢弃。他家的奴仆，也都按照每个人的所长予以安排，让他们各尽所能，最大限度地发挥他们的作用。这些奴仆安排得好，他们都能尽心尽力地劳作。

　　有一次，乡亲们见他家栽种了一批漆树，就问他："樊公，你栽漆树干什么，你又不作油漆生意？"樊重说："我家四年以后需要打造一批家具。我现在栽下漆树，到那时，这些漆树就可以派上用场了。"人们听了，都嗤笑他。

　　几年以后，樊家的漆树成材了，能够产漆了，他家里打造的家具，都用上了自己家产的漆。这些树越长越大，产的漆也越来越多。过去嗤笑过他的那些人，现在需要用漆的时候，也

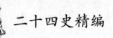

不得不向他来求助。

由于樊重工于心计，善于经营，他的家产迅猛增加，每年都在翻番，家财总计超过万两黄金。有了钱，他就继续开垦荒地，总计开了三百多顷。还建造鱼池养鱼，在山野放牧牲畜。在那个时代，他的家具备了自给自足的封建庄园式经济的最完美的形式和相当高的水平。

他家盖的房子，有楼房，有高阁。他家的院子里有水池，有沟渠，像个大花园。

樊重还有一个特点，就是他不吝啬，甚至还有点仗义疏财的味道。他在当地的名声也较好，这在当时是不多见的。因此，他被乡亲们推为"三老"，就是农村基层居民组织的负责人。他的外孙子何氏兄弟，为了财产而争斗不已。樊重觉得这是自己的羞耻，便送给他们二顷地，使他们不再争斗。他借出去的债不少于上百万，到他八十岁将死的时候，他嘱咐家人把债券烧掉。有一些借债人主动去偿还，他的儿子们根据他的遗嘱，拒绝接受。

樊重的后代大多参加了镇压王莽末年农民大起义的行动，并被拜官封爵。光武帝刘秀建立东汉以后，还多次成千万地赏赐他家钱财。

（《后汉书·樊宏传》）

隔篱听书　振古无伦

东汉人贾逵，字景伯，扶风平陵（今陕西咸阳西北）人，他是汉代著名文学家贾谊的九世孙。父亲贾徽，曾跟从著名学者刘歆学习《左传》，兼习《国语》、《尚书》、《诗经》等。贾逵能够继承父业，精通经学，一生著述经传训诂及论难等有百余万言，后世称他为"通儒"。

据晋代王嘉《拾遗记》载，贾逵刚刚五岁时就聪明过人。他的姐姐嫁给韩瑶为妻，因未生孩子而被她丈夫休弃，回娘家居住。她为人贤明，被人称道。贾逵隔邻天天有孩童读书，贾逵年幼，还没到读书年龄，却对读书声表现出很大的兴趣，贾逵的姐姐便每天抱着他隔着篱笆听隔壁读书。每当这时候，贾逵总是一声不吭，静静地听着。

时间一长久，贾逵受到了良好的熏陶，10岁时，他就能背诵《诗经》、《尚书》、《易经》、《礼记》等典籍。他的姐姐没有想到隔着篱笆听听读书会有这么好的效果，奇怪地问弟弟道："我们家贫穷，从来没有请过教书先生进门，你怎么知道这么多古代书籍，而且能一字不漏地背出来呢？"贾逵告诉姐姐说："以前你抱我于篱间听邻家读书，从不遗留被记住。"于是将庭院中的桑树皮剥下来当纸，随时记录书中词句，或者将字写在

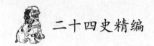

家中门窗、屏风等上面，一面背诵，一面记录。一年以后，经文全都精通了。到后来，他成了当地著名的经学家，人们称赞他是"振古无伦"。甚至有的学生不远万里上门求学，有的学生背负着年幼的子、孙，前来就学，就住在贾逵家的门侧。贾逵总是乐于施教，为他们口授诗文。

《拾遗记》所记载的贾逵故事，绝口未提贾逵的家学渊源，与《后汉书》上"承续父业"的记载有所不符。而且，正史上称贾逵"二十岁能诵左氏传及五经本文"，也与《拾遗记》记载有所不符，说明《拾遗记》中确实是有些夸大其词。但是，幼时的"隔篱听书"，对贾逵的成长肯定是有着很大影响的。

（《后汉书·贾逵传》等）

举案齐眉

东汉人梁鸿，是东汉初年著名的隐士，而尤为称道的是他与妻子举案齐眉，相敬如宾的故事，梁鸿与其妻子孟光堪称夫妇和睦、感情投契的模范夫妻。

梁鸿小时家贫，父亲梁让在王莽时担任城门校尉这样的小官，后奉使去北地，便在那里死去，再也没有能够活着回来。这时候梁鸿年纪尚幼，又逢乱世，只好用席子裹上父亲遗体，草草下葬。他少时入太学学习，博览群书，几乎无所不通。他虽然贫穷，却能保持高尚的节操。在太学学习完，他曾在上林苑中牧猪为生。一次，由于他的过失，将邻舍房屋烧毁。他问明价值，即将自己所放牧的猪全都送给邻家，作为赔偿。邻居得到赔偿的猪后，仍然觉得所得太少，吃了亏，梁鸿说："我除此之外再也没有财物了，愿意为你做工，以作赔偿。"于是，梁鸿为邻家勤苦做工，起早摸黑。乡里长辈见梁鸿如此，都受到感动，纷纷指责邻居。邻居惭愧，于是将原先梁鸿所放牧的猪全都还给他，梁鸿却不肯接受。正因梁鸿有如此高尚的节操，所以他的名声传遍乡里，许多人家都愿意将女儿嫁给他，梁鸿却全都回绝了。

同县中有户姓孟的人家，其女儿孟光长得并不漂亮，很有力气，能双手举起石臼。她迟迟不肯出嫁，眼看着就到了三十岁。父母问她为何如此，孟光说："要找夫婿，就要找像梁鸿那样的！"梁鸿听到此语，便娶了孟光为妻。如果是别人准备陪嫁之物，总是少不得绫罗绸缎、金玉珠宝之类，孟光却十分特别，准备了不少做麻鞋、纺线绩布之类的工具，想要跟着梁鸿一心一意地劳动过日子。到出嫁时，孟光修饰打扮了一番。不料梁鸿见到孟光的模样，嘴上虽没有说什么，却一连七天没有跟孟光说话，孟光心知有因，便跪在床下向丈夫请罪道："我私下听说过不少夫君的高尚品行。您曾经拒绝了好几家上门求亲的，而我也曾拒绝了好几家的求婚。如今您娶了我，请问我犯了什么过失?"梁鸿回答妻子:"我所要娶的,是甘心于过平民贫穷生活的人,将来可以和她一道到深山中隐居。你如今穿着好衣服,脸上涂脂抹粉,这哪里是我所愿意的!"孟光听丈夫说出此番原委,答道:"我这样刻意打扮一番,是想试试夫君的志向,我自有隐者所穿的衣服!"于是进去挽上发髻,穿上布衣出来,干起家务活来。梁鸿这才大喜道:"这才真正是我梁鸿的妻子啊!"

夫妻俩生活了一段时间,孟光问丈夫道:"常听到夫君说要隐居躲避灾祸,如今您为何一声不吭,不再提起此事,是不是想要低三下四地去谋求官职啊?"于是,夫妻两人便隐居到霸陵山中去了。夫妻两人以耕织为生,咏诗书、弹琴自娱,可谓安居乐业。多年之后,汉章帝想要征召梁鸿出山,梁鸿改名换姓,夫妻两人又避居到山东一带。后来,梁鸿夫妻到了苏州,寄居在大户皋伯通家中。梁鸿为人家当佣工舂米,工罢回家,妻子孟光对他十分恭敬,为他准备饭食,每次都将饭菜盘高举到眉毛一样高,呈献给梁鸿食用。(成语"举案齐眉"的出处即此,"案"指古时一种有脚的托盘。)

(《后汉书·梁鸿传》)

夫妻脱俗

汉代王霸（字儒仲）自幼有节操，后立朝为官，更显示出其清操雅节。王莽篡权当政时，他弃官归隐，与人断绝一切交往。后东汉光武帝刘秀当政，朝廷知道他很有才能，征召他为尚书。但每当上朝面见天子，他从不肯称臣，只肯自称其名。官府问他为什么这样，王霸回答说："天子有所不臣，诸侯有所不友。"实际上，他是心中不忘自己原来为官的西汉旧朝，心有芥蒂。不久，他又托病弃官不做，带着同样很有节操的妻子以及两个儿子隐居不仕，茅屋棚户，躬耕于野。尽管后来朝廷一再征召他，他却再也不肯入朝为官了。

王霸有个知心朋友，名叫令狐子伯。后来，令狐子伯做了楚郡之相，其子也当了楚郡的官。有一次，令狐子伯让儿子送信给王霸，令狐子伯之子坐着华丽的车子，带着随从，前呼后拥地到了王家。令狐子伯之子衣饰华美，气宇轩昂，风度翩翩。此时，王霸的两个儿子正在田地里耕作，听说家里来了客人，放下锄头便赶回家来。只见两人蓬头垢面，衣服破旧，腿上沾满了泥。因为没有见过世面，见到气度不凡的令狐子伯之子，不仅不敢说话，而且畏畏缩缩，自觉羞愧，连正眼看一下客人都不敢。王霸眼见自己的儿子和令狐子伯之子形成鲜明对照，

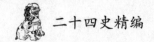

不觉也感到十分羞愧。

客人走后，王霸仍在想着刚才的事，越想越觉得心里不是滋味，以至久躺床上。王霸的妻子，见丈夫如此模样，一时也摸不着头脑。问丈夫究竟是为了什么事，王霸不肯说。王霸妻子以为是自己做错了什么事情，向丈夫请罪认错。王霸不得已，才开口说道："并不是你做错了什么事情，而是为了刚才的事。我和令狐子伯两人虽是知心的朋友，但在志向以及许多方面都不一样。刚才你也看到了，他的儿子衣服鲜亮，举止彬彬有礼，落落大度；而咱们的儿子呢？头发乱蓬蓬，浑身泥垢，也不懂得什么礼节，见到客人便畏畏缩缩，满脸露出羞惭的神色。毕竟父子情深，我看到自己的儿子这种样子，心里觉得实在不是滋味！"王霸妻一听丈夫是因为这件事而难过，便恳切地开导丈夫说："你从小就十分注意自己的品行，一生注重节操，十分轻视荣华富贵。如今令狐子伯虽然做了楚相，但比起品行来，你们两个谁更高尚，这不是很清楚的事情吗？怎么你今天忽然忘记了自己的一贯节操，为自己儿子感到惭愧起来了呢？"

王霸听了妻子的这番话，犹如服了一剂清醒剂。他忽地从床上爬起来，笑着说："对啊！我怎么会变得如此庸俗起来了呢？"于是和妻子、儿子们搬到一个无人知晓的地方，终身隐居不出。

（《后汉书·逸民列传》）

人物春秋

受命危难中兴汉室——刘秀

世祖光武皇帝刘秀，字文叔，南阳郡蔡阳县人，汉高祖第九代孙子，出自汉景帝所生长沙定王刘发的那个支系。刘发生春陵节侯刘买，刘买生郁林太守刘外，刘外生钜鹿都尉刘回，刘回生南顿令刘钦，刘钦生光武。光武九岁成为孤儿，由叔父刘良收养。他身高七尺三寸，须眉浓秀，大嘴，高鼻梁，额骨隆起，生性喜欢种植庄稼，而哥哥刘伯升好行侠养士，曾讥笑光武经营农业，把他比作汉高祖的哥哥刘仲。王莽天凤年间，光武来到长安，拜师学习《尚书》，略通大义。

王莽末年，天下连年蝗灾，盗贼蜂涌而起，地皇三年，南阳发生饥荒，各家的宾客大多去偷盗抢劫。光武为逃避官吏躲到新野，顺便在宛城出售粮食。宛人李通等人用图谶鼓动光武说："刘氏复兴，李氏为辅。"光武起初不应，暗自思量哥哥伯升一向结交无业游民，必将发动起义，况且王莽败亡的征兆已

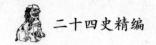

经显露，天下日渐动荡，于是同李通等人定下大计，从此就购置兵刃弩箭。十月，与李通从弟李轶等起兵于宛城，时年他二十八岁。

十一月，有彗星出现在张星星区。光武于是率领宾客回到春陵。当时伯升已经聚众起兵。起初，众子弟十分恐惧，都逃散躲藏起来，说："伯升要害我们。"等到看见光武身着武将的绛衣大冠，都吃惊地说："谨慎厚道的人也干这种事。"因而稍微心安。伯升于是请来新市军和平林军，同他们的主帅王凤、陈牧一道向西进攻长聚。光武开始骑牛，杀死新野尉后才得以骑马，进占并屠戮了唐子乡，又杀死了湖阳尉。军中瓜分财物不均，众人愤恨不平。想反攻刘姓各部。光武收敛起宗族成员所得到的财物，全部给了他们，众人才转怒为喜。进占棘阳后，与王莽前队大夫甄阜、属正梁丘赐交战于小长安，汉军被打得大败，退守棘阳。

更始元年正月初一，汉军重又与甄阜、梁丘赐交战于沘水西岸，大败敌军，斩杀了甄阜、梁丘赐。伯升又在胡阳击败王莽的纳言将军严尤和秩宗将军陈茂，进而包围了宛城。二月初一，拥立刘圣公为天子，以伯升为大司徒，光武为太常偏将军。三月，光武另与一些将领征讨昆阳、定陵、郾等地，全都攻占下来，缴获大批的牛马和财物，粮食数十万斛，转运至宛城城下，王莽获悉甄阜、梁丘赐战死，汉帝已经登基，派遣大司徒王寻、大司空王邑统兵百万，可以作战的士兵为四十二万人。五月，抵达颍川，又和严尤、陈茂会合。当初，光武曾替春陵侯家向严尤申诉拖欠租赋事，严尤召见后，欣赏他的风度。到此时，汉军城中出来投降严尤的人说光武不掠夺财物，只是筹划军事策略。严尤笑道："是那位须眉俊美的人吗？他怎么竟做这种事！"

起初，王莽征调天下精通兵法的六十三家学派中的数百人，一并任用为军吏；又选拔训练卫兵，招募猛士，组成庞大的军队开赴战场，各种军旗和军用物资在千里大道上络绎不绝。当时军中有巨人叫巨无霸，身高一丈，腰大十围，任命为垒尉；又驱赶各种猛兽如虎、豹、犀牛、大象之类，以助军威。秦汉以来，出征的军队声势如此浩大，还从未有过。光武率领数千名士兵，巡逻到阳关。众将领见到王寻、王邑军容盛大，就顺原路撤退，奔回昆阳城，全都心惊胆战，忧虑后方的妻子儿女，想分别返回各自原来驻守的城池。光武建议道："现在士兵和军粮都很少，而外敌强大，合力抵御他们，或许可以立功；如果力量分散，势必难以保全。而且宛城还没夺取，主力不能前来救援，昆阳一旦被攻破，一日之间，各部也将被消灭，今天不同心协力共同谋取功名，反而要去守护各自的妻子儿女和财物吗？"众将发怒道："刘将军怎敢这样说话！"光武笑着起身走了。正逢侦察骑兵回来，说王莽大军将进抵城北，军队绵延数百里，看不见后尾。众将领窘迫地相互商量说："还是重新请刘将军来商议对策吧。"光武再度剖析成败得失。众将忧虑窘迫，都同声称是。当时城中只有八九千人，光武便让成国上公王凤、廷尉大将军王常留守昆阳，晚上自己同骠骑大将军宗佻、五威将军李轶等十三人骑马，出昆阳城南门，到外地调集兵马。这时王莽军队来到城下的近十万人，光武等人几乎出不了城。他们到了郾、定陵，调动各营所有兵马，而那些将领贪恋钱财，想分兵留守它。光武说："现在如果能够击败敌人，所得珍宝是已有的万倍，大功可以告成；如果被莽军打败，脑袋都没有了，还用什么财物！"大家这才听从了他的命令。

严尤劝说王邑说："昆阳城小但坚固，现在假冒帝号的人在宛城，速派大兵前往，他们一定逃走；宛城敌人被打败了，昆阳自然降服。"王邑说："我过去以虎牙将军的身份围攻翟义，因为没能将他生擒，所以受到责备。今天率领百万大军，遇到敌人据守的城池而不能攻取，如何交待？"于是围绕昆阳城设下数十道防线，建立成百座营盘，树起云车高十余丈，靠近昆阳府视城中，各类旗帜遮盖了田野，人马搅得满天尘埃，敲鼓击钲的军乐声传出数百里之远。莽军有的挖掘地道攻城，有的用冲车撞城和用篷车攀城。大批弓弩手连续不断发射，箭如雨下，城中军民不得不背着门板而汲水。王凤等人乞求投降，遭到拒绝。王寻、王邑自以为胜利已为时不远，神态十分安闲，晚上有流星坠落在王莽军营地之中，白天有云，形如山丘，崩落于营盘，离地一尺左右才崩散开来，莽军将士全部都匍伏在地上。

六月初一，光武即与各部人马一齐进发，自己亲率步、骑兵一千余人，在离莽军大约四五里的地方排开阵势。王寻、王邑也派兵数千人前来交战。光武冲击敌营，斩下数十名敌军首级。其他各部将士高兴地说："刘将军平生见到小股敌人就害怕，今天遇到强敌却勇猛无畏，真叫人奇怪！还是继续在前，请让我们帮助将军！"光武再次进攻，王寻、王邑派出的军队又退去，义军各部一同乘机进攻，杀死莽军数百近千人。义军连续获胜，继续向昆阳进军。此时伯升攻取宛城已有三天了，而光武还不知道，于是派人伪装成宛城的使者携带书信通知昆阳守军，说："宛城的救兵即刻赶到。"却故意失落了这封书信。王寻、王邑闻知后，十分不快。义军众将领屡战屡捷，胆气更壮，无不以一当百。光武就与三千名敢死队员，从城西涉水直扑莽军的中军，王寻、王邑的阵势大乱，义军一鼓作气打垮敌军，于是杀死了王寻。昆阳守军也击鼓呐喊着冲杀出来，内外夹击，喊杀声惊天动地，莽军大溃退，逃跑的士兵互相践踏，死尸僵卧在百余里的路上。当时正是雷声大作，狂风骤起，屋瓦全被风刮得乱飞，暴雨如注，沘水水势猛涨，吓得虎豹都四肢颤抖，士兵们争着渡河，淹死的不计其数，河水也都被阻

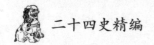

塞断流。王邑、严尤、陈茂轻装骑马踏着死尸渡河逃走。义军全部缴获了莽军的各种军用物资，兵车、盔甲和珍宝，多得无法计算，运了几个月都没运完，有人把剩余的物资烧掉了。

光武再接再励夺取颍阳。当时伯升被更始帝所杀害，光武从父城赶回宛城请罪。伯升司徒府的属吏迎接光武并表示慰问，光武口不能语，只能沉痛地引咎自责而已。他未曾自我表白昆阳的功劳，又不敢为伯升服丧，吃饭说笑如同平时一样。更始因此心中有愧，便任命光武为破虏大将军、封武信侯。

九月初三，三辅的豪杰一同斩杀王莽，将首级送到宛城。更始帝将北上建都洛阳，以光武兼管司隶校尉事，命他前去整修宫室和官府。于是光武任命了属吏，写好文书发到各属县，行使起督促文书，察举非法的职责，一切按照汉朝的旧规定办事。当时三辅地区的官吏和士人到洛阳城东迎接更始帝，看见诸位将军经过，都是头上戴帻，身穿如同妇女所穿的衣裳，即诸于和绣镝之类，无不感到可笑，甚至有人害怕不吉利而溜掉了。等到看见司隶校尉的部下，都高兴得不知如何是好。老年的官吏有的流着泪说："不料想今天还能重新看到汉朝官员的威仪！"从此有识之士倾心于光武。

待更始帝到达洛阳，就派光武以破虏将军的身份代理大司马事务。十月，持节向北渡过黄河，镇抚河北各州郡。所到郡县，便接见二千石、长吏、三老、官属，下至一般佐史，考察治政得失，如同州牧巡行辖区一样。他一到某地就审查释放囚徒，革除王莽苛政，恢复汉朝官吏的名称。吏民欢欣鼓舞，争着带上牛肉和酒，迎接慰劳光武一行人。进抵邯郸，原赵缪王之子刘林劝说光武道："赤眉军现在在河东，只要决堤放水淹他们，百万赤眉军全可以让他们成为鱼。"光武不理睬，又前往真定。刘林于是诡称卜者王郎是成帝的儿子刘子舆，在十二月，拥立王郎为天子，建都邯郸，并派遣使者劝降了许多郡国。

二年正月，光武鉴于王郎一兴起就比较强大，于是向北攻取蓟县。王郎下达快递文书，悬赏十万户侯捉拿光武。而原广阳王之子刘接于蓟城中起兵，以响应王郎。城内混乱，谣言四起，人人惶惶，说邯郸使者刚刚到达，二千石以下官吏都前去迎接。于是光武急忙坐车南逃，无论白天黑夜都不敢进入城市，吃住全在道旁。到达饶阳，部下全断了炊。光武就自称是邯郸使者，进入传舍。传舍的官吏刚送进食物，光武的随从因为饥饿，争夺食物。传吏怀疑他们是伪装的使者，就击鼓数十下，假称邯郸的将军来到，光武的部下都大惊失色。光武上车想跑，后害怕出不去，慢慢回到座位，说："请邯郸的将军进来。"许久才驾车离去。传舍中的人远远地喊守护城门的人关闭大门。门长说："天下形势还难预料，而能随便关闭长者吗？"于是光武得以从南门离去。他们日夜兼程，冒着霜雪，天气正寒冷，脸都冻裂了。到了呼沱河，没有船只，当时河水结冰，才得以通过，还没全部过完而后面的几辆车陷入河中，进抵下博县城西，彷徨犹豫不知该向何方。有一个白衣老人在路边，指示说："努力！信都郡仍忠于刘玄，离这里八十里。"光武立即奔赴信都。信都太守任光开门出迎。世祖因此征发附近各县的兵卒，得到四千人。先攻打堂阳、贳县，全都降服。王莽和成卒正邳彤也率全郡归降。又昌城人刘植、宋子人耿纯，各领宗亲子弟，占领各自的县城，以拥戴光武。于是北上迫降下曲阳，兵马初步集结，乐意投靠的人达到数万人。接着向北进攻中山，夺取卢奴。所过之处调发"奔命"兵，向周围各郡传递文书，要求共同打击邯郸势力，郡县又再次响应号召。又南下进攻新市、真定、元氏、防子，都占领下来，因此进入赵国地界。

当时王郎大将李育驻扎于柏人，汉兵不知敌情，前部偏将军朱浮、邓禹被李育打败，辎重丧失。光武在后面听说此事，收容了朱浮、邓禹的溃散的士兵，与李育大战于柏人的外城城门，大获全胜，全部夺回了被李育缴获的物资。李育退守城池，光武攻之不下，就率军夺取广阿。恰好上谷太守耿况、渔阳太守彭宠各派他们的将领吴汉、寇恂等人统帅突骑来协助攻打王郎，更始帝也派遣尚书仆射谢躬讨伐王郎，光武便大肆犒劳士兵，于是东进围困钜鹿。王郎守将王饶坚守，一月之多仍未攻下。王郎派将军倪宠、刘奉领兵数万援救钜鹿，光武迎战于南栾，斩杀数千人。四月，围攻邯郸，连战连胜。五月初一，攻取邯郸，处死王郎。收缴文书，得到自己部下向王郎联络或诽谤自己的信件数千封。光武不查看，集合众将当面把信烧掉，说："让为担心之事都心安吧。"

更始帝派侍御史持节封光武为萧王，命令他遣散军队回到更始帝身边。光武以河北地区尚未平定为由推辞，不应征召，从此开始脱离更始帝。

那时长安混乱，四方背叛。梁王刘永专命于睢阳，公孙述称王于巴、蜀，李宪自立为淮南王，秦丰自号楚黎王，张步起事于琅邪，董宪起事于东海，延岑起事于汉中，田戎起事于夷陵，都各任命将帅，侵占郡县。又有各种名号的贼兵如铜马、大肜、高湖、重连、铁胫、大抢、尤来、上江、青犊、五校、檀乡、五幡、五楼、富平、获索等，各自率领部队，人数合计数百万人，在当地劫掠。

光武将攻击诸寇贼，先派遣吴汉到北方征发十郡兵马。幽州牧苗曾不听从调动，吴汉就斩杀苗曾而征发了他的部下。秋天，光武进攻铜马于鄡县，吴汉率领突骑来到清阳会合。贼兵多次挑战，光武坚守营垒，贼兵有出外抢掠的人，就发兵消灭他们，断绝了贼兵的粮道。累计一月有余，贼兵粮食吃光，乘夜色逃去，光武追击到馆陶，大败贼军。接受投降一事还没结束，高湖、重连军从东南方前来，与铜马残部会合，光武又与他们大战于蒲阳，全部打败并降服了他们，封他们首领为列侯。

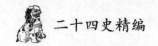

降人仍然心中不安，光武懂得他们的心意，命令他们各自回营整顿队伍，于是自己轻装骑马一一巡视各部队列。降人互相说道："萧王以诚心对待我们，我等怎能不以死报效呢！"从此都顺服。光武把降人全部分配给各位将领，士兵于是多达数十万，因而关西称光武为"铜马帝"。赤眉一个别帅与大肜、青犊军共十万人驻扎射犬，光武进击，大败他们，各军全都逃散。派吴汉、岑彭袭杀谢躬于邺城。

青犊、赤眉贼开进函谷关，进攻更始帝。光武就派遣邓禹率领六员副将引兵向西进发，以利用更始、赤眉相争的动乱机会。当时更始帝派大司马朱鲔、舞阴王李轶等屯守洛阳，光武也命令冯异把守孟津予以抗衡。

建武元年春正月，平陵人方望拥立原来的孺子刘婴为天子，更始帝派遣丞相李松进攻并斩杀了他们。光武帝北上进攻尤来、大抢、五幡军于元氏，追击到右北平，连续打败他们。又战于顺水之北，乘胜冒进，反而受挫兵败。贼兵追击得很紧，短兵相接，光武自己从高坡上跳下去，遇到突骑王丰，王丰下马让给光武，光武扶着王丰的肩膀上马，回过头来笑着对耿弇说："几乎被敌人所耻笑！"耿弇频频射箭击退贼兵，得以幸免。光武的士兵死亡数千人，散兵回来后退守范阳。军中不见光武，有人说他已战死，众将不知如何是好。吴汉说："大家努力！萧王哥哥的儿子在南阳，何愁没有主公?"众人恐惧，几天以后才安定下来。贼兵虽然取胜，但平素折服于汉军军威，客主双方互不摸底，晚上就撤走了。大军重又前进到安次，与敌交锋，击败他们，斩首三千余级。贼兵退入渔阳，于是派遣吴汉率领耿弇、陈俊、马武等十二位将军追击于潞县之东，一直进抵平谷，大败并消灭了贼军。

朱鲔派遣讨难将军苏茂进攻温县，冯异、寇恂与他们交锋，大败敌军，斩杀苏茂的将领贾强。于是众将商议给光武上尊号，马武先向光武进言："天下无主。如果有圣人利用天下凋敝的时候崛起，我们虽有仲尼为相，孙子为将，也恐怕难有作为。覆水难收，后悔无及。大王执意谦让，那么宗庙社稷怎么办！应该返回蓟县登基，再商议征伐的事情。否则现在能说谁是逆贼而放手攻打他们呢？"光武震惊地说："将军为何说出这样的话？该斩首了！"马武说："众将领都这样说。"光武让他出去劝说众将。于是引军回到蓟县。

夏四月，公孙述自称天子。光武从蓟县返回，路过范阳，下令埋葬以往阵亡将士。抵达中山，众将又上奏说："汉朝遭遇王莽之乱，宗庙废弃，祭祀断绝，豪杰愤怒，兆民惨遭涂炭。大王与伯升首举义兵，更始凭靠你们的努力才得以占有帝位，而不能维护好大业，破坏搅乱了纲纪，盗贼日益增多，百姓处于危难和窘境之中。大王初征昆阳，王莽不战自溃；后来夺取邯郸，河北的州郡归顺平定；三分天下而有其二，据有数州领土，军队多达百万。谈武力没有人敢于对抗，论文德更是无可挑剔。臣等听说帝王之位不可以长久空着，天命不可以谦让拒绝，愿大王一心以社稷为重，以百姓为念。"光武不听。行进到南平棘，众将又坚决地请求光武登基。光武说："贼寇尚未平定，四面受敌，怎么能立即考虑正号位的事呢？诸位将军暂且出去吧。"耿纯又进来说："天下士大夫丢弃亲戚，别离故土，追随大王于箭石横飞的战场，他们的打算原来是想攀龙鳞，附凤翼，以实现建功立业的志向。现在功业已成，天人也相应合，而大王拖延良机而违逆众心，不定尊号，我恐怕士大夫失去希望，没有办法，就会有离去而归家的想法，不愿长此苦守下去。大军一旦散去，难以再度招集。良机不可久留，众心不可违背。"耿纯言辞十分诚挚恳切，光武深受感动，说："我会考虑这件事。"

进抵鄗城，与光武过去同在长安居住 0 求学的强华从关中送来赤伏符，符文是："刘秀发兵捕不道，四夷云集龙斗野，四七之际火为主。"群臣因而再次上奏道："承受天命之符，与之相应的人当居大位，相距万里而符信相合，不经商议而情思相同，周代的白鱼之信，何足相比！现今上无天子，海内混乱，符瑞所示，昭然若揭，应该顺从天神的意愿，以满足大家的希望。"光武于是命令有关部门设立坛场于鄗县城南千秋亭的五成陌。

六月二十二日，即皇帝位。烧柴祭告上天，升烟以享六宗，望祭群神。祭祀祝文说："皇天上帝，后土神祇，垂青于我而降下天命，将百姓托付给我刘秀，为人父母，秀不敢当。手下群臣，不谋而合，都说：'王莽篡位，刘秀发愤起兵，破王寻、王邑于昆阳，杀王郎、铜马于河北，平定天下，海内蒙受恩惠。上应天地之心，下为百姓所归。'谶记说：'刘秀发兵捕不道，卯金修德为天子。'秀仍然坚辞，以至于一而再，再而三。群臣都说：'皇天大命，不可拖延。'敢不恭敬受命。"于是定年号为建武，大赦天下，改鄗县名为高邑。

这个月，赤眉军拥立刘盆子为天子。

二十七日，前将军邓禹攻击更始定国公王匡于安邑，大败王匡，斩杀将领刘均。秋天七月五日，拜前将军邓禹为大司徒。十一日，以野王令王梁为大司空。十六日，以大将军吴汉为大司马，偏将军景丹为骠骑大将军，大将军耿弇为建威大将军，偏将军盖延为虎牙大将军，偏将军朱祐为建义大将军，中坚将军杜茂为大将军。当时宗室刘茂自号"厌新将军"，率众投降，封为中山王。

（八月）初三，驾临怀县，派遣耿弇率领强弩将军陈俊驻扎五社津，守备荥阳以东。派吴汉率领朱祐以及廷尉岑彭、执金吾贾复、扬化将军坚镡等十一位将军，围困朱鲔于洛阳。

八月十六日，祭祀社稷。十七日，拜祭高祖、太宗、世宗

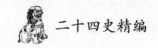

于怀县离宫。进抵河阳，更始廪丘王田立归降。

九月，赤眉军攻入长安，更始帝逃到高陵。六月，诏书说：
"更始失败，弃城逃走，妻子儿女裸露，流散道路。朕非常怜
愍他们。今天封更始为淮阳王。吏民有敢于伤害他们的，罪与
大逆相同。"十九日，以原密县县令卓茂为太傅。二十六日，
朱鲔举城投降。

冬天十月十八日，车驾进入洛阳，来到南宫却非殿，于是
定都于此。派岑彭进攻荆州群贼。

十一月三十日，驾临怀县。刘永自称天子。十二月十一日，
从怀县返回洛阳。

赤眉军杀死更始帝，而隗嚣占据陇右，卢芳起兵于安定。
破房大将军叔寿进攻五校贼于曲梁，战死。

二年春天正月初一，有日食。大司马吴汉率领九位将军进
攻檀乡贼于邺城的东边，大败并降服了他们。十七日，封全部
功臣为列侯，大国有四县，其余各有等差。下诏说："人情得
到满足，常被放纵所苦，为快一时的欲望，忘却应当谨慎对待
刑法的宗旨。只因诸位将军功业远大，真诚希望传之无穷，应
当是如临深渊，如履薄冰，战战慄，日日谨慎。凡有显著功劳
而未得到报答，没有列入封侯名册的人，大鸿胪迅速奏上，朕
将分别封赏他们。"博士丁恭议论说："古时候帝王分封诸侯，
地不超过百里，所以有利于建侯，取法于雷卦，实行强干弱枝，

以此来把国家治理好。现在封给诸侯四县，不符合法制。"光武帝说："古代凡是灭亡的国家，都是因为无道，没听说是因为功臣封地多而亡国的。"于是派遣谒者立即颁发印绶，策文说："高位而不骄傲，位虽高而没有危险；约束自己遵守法度，势虽盈满也不会溢出。要谨慎小心地对待此事，传爵位子孙，长久成为汉朝的藩属。"十九日，更始的复汉将军邓晔、辅汉将军于匡投降，都恢复原有爵位。某日，筑起高庙，建社稷坛于洛阳，立郊兆坛于城南，开始以火德为正，以赤色为上色。

这个月，赤眉焚烧西京的宫室，挖掘园陵，抢掠关中。大司徒邓禹进入长安，派司徒府官吏护送西汉十一帝的神主，放入高庙。

真定王刘杨、临邑侯刘让谋反，派遣前将军耿纯杀了他们。二月十六日，驾临修武。大司空王梁被免除职务。十九日，以太中大夫宋弘为大司空。派遣骠骑大将军景丹率领征虏将军祭遵等二位将军进攻弘农贼，打败了他们，因而派遣祭遵围攻蛮中贼张满。渔阳太守彭宠造反，攻打幽州牧朱浮于蓟县。延岑自称武安王于汉中。某日，从修武返回到洛阳。

三月某日，大赦天下，诏书说："近来狱中多有冤屈之人，用刑过甚，朕非常怜惜他们。孔子说：'刑罚不得当，那么百姓的手脚就慌得不知所措。'和中二千石、诸大夫、博士、议郎商议削减刑法。"

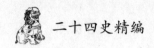

派遣执金吾贾复率领二位将军进攻更始郾王尹遵，打败并降服了他。

骁骑将军刘植进攻密县贼，战死。派遣虎牙大将军盖延带领四位将军讨伐刘永。夏四月，包围刘永于睢阳。更始将领苏茂杀死淮阳太守潘蹇而依附刘永。

二日，封叔父刘良为广阳王，兄子刘章为太原王，刘章弟刘兴为鲁王，春陵侯正妻之子刘祉为城阳王。

五月十九日，封更始元氏刘歙为泗水王，原真定王刘杨之子刘得为真定王，周朝后代姬常为周承休公。二十二日，诏书说："百姓有被迫嫁出的女儿，卖掉的儿子想回到父母身边的，任凭他们抉择。敢于扣留不放的，按律论处。"

六月七日，立贵人郭氏为皇后，儿子刘强为皇太子，大赦天下。增加郎、谒者、从官的官阶各一等。十五日，封宗子刘终为淄川王。

秋八月，光武帝亲自率军征伐五校。二十六日，驾临内黄，大败五校于羛阳，降服了他们。派遣游击将军邓隆救援朱浮，与彭宠交战于潞县，邓隆战败。盖延夺取睢阳，刘永逃到谯县。破虏将军邓奉占据淯阳反叛。

九月二日，从内黄返回京师。骠骑大将军景丹死去。延岑大败赤眉于杜陵。关中饥荒，百姓相食。

冬十一月，以延尉岑彭为征南大将军，率领八位将军讨伐邓奉于堵乡。

铜马、青犊、尤来剩余贼军共同于上郡拥立孙登为天子。孙登将领乐玄杀死孙登，率领部下五万余人投降。派遣偏将军冯异代替邓禹讨伐赤眉。让太中大夫伏隆持节安集青、徐二州，招降张步归顺。

十二月三十日，诏书说："宗室列侯被王莽所废黜，先祖灵魂无所归依，朕十分哀伤。一并恢复他们的故国。如果列侯已经身亡，所在郡县将他的子孙的名字上报到尚书那里，给以封拜。"

这一年，盖延等大败刘永于沛县之西。起初，王莽末年，天下闹旱灾、蝗灾，黄金一斤换小米一斛；到这时野谷丛生，麻和菽尤其多，野蚕结茧，覆盖山岗，百姓从中得到好处。

三年春天正月初六，以偏将军冯异为征西大将军，杜茂为骠骑大将军。大司徒邓禹和冯异与赤眉战于回溪，邓禹、冯异被击败。征虏将军祭遵攻破蛮中，杀了张满。二十三日，立皇父南顿君以上四庙。二十四日，大赦天下。闰月十八日，大司徒邓禹被免职。

冯异与赤眉战于崤底，大败赤眉，赤眉残部向南逃往宜阳，光武帝亲自率军征讨他们。十二日，驾临宜阳。十七日，亲自统辖六军，大量部置兵马，大司马吴汉的精兵排列于前，中军在其后，骁骑、武卫分列左右。赤眉看到后震惊恐怖，派出使

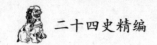

者请投降。十九日，赤眉君臣反绑双臂，献上高皇帝玺印绶带，光武命令交付城门校尉。二十一日，从宜阳回到洛阳。二十二日，诏书说："群盗纵横，残害百姓，刘盆子窃据尊号，扰乱天下。朕出兵征伐，立刻土崩瓦解，十余万人束手降服。先帝的玺印归于王府。这都是仰仗祖宗之灵，士人之力，朕怎配有此荣耀！"选择吉日祭祀高庙，赏赐天下长子并将成为父亲后嗣的人以爵位，每人一级。"

二月二日，祭祀高庙，接受传国玺。刘永立董宪为海西王，张步为齐王。张步杀死光禄大夫伏隆而造反。驾监怀县。派遣吴汉率领二位将军攻击青犊于轵县之西，大败并降服了他们。

三月十六日，以大司徒司直伏湛为大司徒。彭宠攻陷蓟城，自立为燕王。光武帝亲自率兵征伐邓奉，抵达堵阳。夏四月，大败邓奉于小长安，将其斩杀。冯异与延岑战于上林，击破了他。吴汉率领七位将军与刘永将领苏茂战于广乐，大败茂军。虎牙大将军盖延围困刘永于睢阳。

五月二十四日，车驾回宫。三十日，有日食。

六月七日，大赦天下。耿弇与延岑战于穰县，大败岑军。

秋七月，征南大将军岑彭率三位将军讨伐秦丰，战于黎丘，大败丰军，俘获他的将领蔡宏。

（八月）二十六日，诏书说："官吏不满六百石，下至墨绶县长、国相，有罪需处置必先请示。男子八十岁以上，十岁以下，只要不是犯了不道罪，或下诏具名特捕的人，都不准囚禁。应当查问的立即接受查问。女犯出钱雇山的可以放回家。"

盖延攻占睢阳，俘获刘永，而苏茂、周建拥立刘永的儿子刘纡为梁王。

冬天十月十九日，驾临舂陵，祭祀陵园祖庙，因而摆酒于旧住宅，广招新朋旧友聚会。十一月十二日，从舂陵返京。涿郡太守张丰造反。

这一年，李宪自称天子。西州大将军隗嚣上书。建义大将军朱祐率祭遵与延岑交战于东阳，斩杀延岑的将领张成。

四年春天元月二日，大赦天下。

二月初一，驾临怀县。二十一日从怀县抵京师。派遣右将军邓禹率领二位将军与延岑战于武当，打败了延岑。

夏天四月七日，驾临邺城。十九日，驾临临平。派遣大司马吴汉进攻五校贼于箕山，大败五校。

五月，驾临元氏。初一，驾临卢奴。派遣征虏将军祭遵率领四位将军讨伐张丰于涿郡，斩了张丰。

六月二日，车驾还洛阳宫。

七月八日，驾临谯县。派遣捕虏将军马武、偏将军王霸围攻刘纡于垂惠。

董宪将领贲休以兰陵城归降，董宪围困该城。虎牙大将军盖延率平狄将军庞萌援救贲休，没能成功，兰陵被董宪所攻陷。

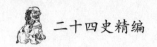

秋天八月十日，驾临寿春。太中大夫徐恽擅自杀死临淮太守刘度，徐恽因此被处死。派遣扬武将军马成率领三位将军讨伐李宪。九月，围困李宪于舒城。

冬天十月七日，车驾回到洛阳宫中。太傅卓茂死去。

十一月十九日，驾临宛城。派遣建义大将军朱祐率二位将军围攻秦丰于黎丘。十二月二十日，驾临黎丘。

这一年，征西大将军冯异与公孙述的将领程焉交战于陈仓，打败了他。

五年春天正月十七日，车驾回到洛阳宫中。二月初一，大赦天下。捕虏将军马武、偏将军王霸攻取垂惠。二十日，驾临魏郡。二十七日，封殷朝后人孔安为殷绍嘉公。

彭宠被他的苍头奴杀死，渔阳平定。

大司马吴汉率建威大将军耿弇进攻富平，获索贼等于平原郡，大败并降服他们。又派耿弇率领二位将军征讨张步。

三月八日，改封广阳王刘良为赵王，开始前往封国。平狄将军庞萌造反，杀死楚郡太守孙萌而东去投靠董宪。派遣征南大将军岑彭率领二位将军讨伐田戎于津乡，大败田戎。

夏四月，天旱，蝗灾出现。河西大将军窦融开始派遣使者进贡。

五月二日，诏书说："久旱伤害麦子，秋粮未能下种，朕十分忧虑。是因为将领残暴，官吏不胜任，狱中多有冤枉之人，百姓既愁又恨，而引起天气失调吗？命令中都官、三辅、郡、国释放关押的囚犯，不是犯殊死之罪的人一概不再追究，现有的囚徒免罪为百姓。务必选用和柔贤良的人为官，斥退贪婪残暴之吏各自处理好政事。"

六月，建义大将军朱祐攻取黎丘，俘获秦丰；而庞萌、苏茂围困了桃城。光武帝当时驾临蒙县，因而亲自率兵征讨庞萌等。先整顿兵马，才进而援救桃城，大败庞萌等军。

秋天七月四日，驾临沛县，祭祀高祖原庙。下诏修复西京的园陵。进而驾临湖陵，征讨董宪。又驾临蕃县，于是进攻董宪于昌虑，大败董宪。

八月六日，进而驾临郯县，留吴汉攻打刘纡、董宪等人，车驾转而攻取彭城、下邳。吴汉攻占郯县，俘获刘纡；吴汉继而围攻董宪、庞萌于朐县。

冬十月，开始回京，驾临鲁国，派大司空祭祀孔子。

耿弇等与张步交战于临淄，大败张步。光武帝驾临临淄，进而驾临剧县。张步杀苏茂来投降，齐地平定。

初建太学。车驾回到洛阳宫中，驾临太学，赏赐博士弟子各有等差。

十一月初一，大司徒伏湛被免职，尚书令侯霸为大司徒。

十二月，卢芳于九原自称天子。西州大将军隗嚣派遣儿子隗恂入侍。交阯牧邓让率领七郡太守派遣使者进贡。诏书免除

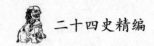

济阳二年的徭役。这一年，野生谷物逐渐减少，田地更加广泛开垦出来。

六年春天正月十六日，改春陵乡为章陵县。世世代代免除徭役，如同丰、沛一样，没有差遣。二十一日，诏书说："去年水、旱、蝗虫为灾，粮价飞涨，民用物品缺乏。朕因百姓没有东西养活自己，忧伤地怜愍他们。命令郡国有粮食的，分发给年事已高的人、鳏夫、寡妇、孤儿、没有后代的老人和有痼疾或残废的人，无家可归贫困不能自谋生存的人，按《律》所规定的办理。二千石官员要尽力加以抚慰，不要出现失职现象。"扬武将军马成等人攻取舒城。俘获李宪。

二月，大司马吴汉夺取朐城，俘获董宪、庞萌，山东全部平定。众将军领回到京师，安排酒宴并颁行赏赐。

三月，公孙述派遣将军任满侵犯南郡。

夏天四月八日，驾临长安，首次拜谒高庙，于是逐个祭祀十一陵。派遣虎牙大将军盖延等七位将军从陇道讨伐公孙述。

五月二十一日，从长安回到洛阳。

隗嚣反叛，盖延等因此与隗嚣交战于陇㟧，众将被打败。

某日，诏书说："天水，陇西、安定、北地各郡官吏百姓被隗嚣诱入歧途的人，又三辅遭赤眉之难时，犯有不道罪的人，从殊死罪以下，全部予以赦免。"

六月二十四日，诏书说："设官置吏，是为了管理百姓。

现在百姓遭难，户口减少，而县级官吏设置仍很繁冗，命令司隶校尉、州牧各自核实所辖各部，裁减官员。县、国不足以安置长吏而可以合并的，上报大司徒、大司空二府。"于是分别上奏合并削减四百余县，吏职裁撤，十留其一。

代郡太守刘兴于高柳进攻卢芳将领贾览，战死。起初，乐浪人王调占据乐浪郡不归服。秋天，派遣乐浪太守王遵进攻他，郡吏杀死王调投降。

派遣前将军李通率领二位将军，与公孙述的将军交战于西城，打败了他们。

夏天，有蝗灾。秋天九月四日，赦免乐浪郡犯谋反、大逆、殊死罪以下的犯人。三十日，有日食。

冬天十月十一日，诏书说："我德薄不明智，寇贼为害，强弱相陵，百姓失所。《诗经》说：'日月显示凶兆，不按其道运行。'长久考虑这一灾祸，心中很内疚。敕令公卿荐举贤良，方正各一人；百官都可以呈上密封的奏章，不要有所隐讳；各自办理职责内的事务，务必遵守法度。"

十一月某日，诏命王莽时吏民被罚为奴婢而不合乎旧有法律规定的，都释放为百姓。

十二月二十七日，大司空宋弘被免职。二十八日，诏书说："此前战事不断，费用不足，所以实行十一之税。现在军队屯田，粮食储备略有增加。命令郡国收取田租实行三十税一，如同旧制。"隗嚣派遣将领行巡侵犯扶风，征西大将军冯异抵御并击败了他。

这一年，初次废除郡国都尉官。开始派遣列侯前往各自的封国。匈奴派使者来进贡，让中郎将回报。

七年春天正月初二，诏命中都官、三辅、郡、国释放囚犯，不是犯死罪的人，都一律不再追究他的罪。现有囚徒释放为平民。犯耐罪而逃亡的人，官吏行文免除他们的罪名。

又下诏说："世上以厚葬为有德，薄葬为鄙陋，以至于富有的人奢侈无度，贫穷者耗尽资财，法令不能禁止。礼义不能劝阻，战乱时坟墓被盗挖，才明白厚葬的祸害。布告天下，叫大家知道忠臣、孝子、慈兄、悌弟薄葬送终的道理。"

二月十七日，废除护漕都尉官。

三月四日，诏书说："现在国家有众多的军队，并且大多精壮勇武，应当暂且遣散轻车、骑士、材官、楼船士以及临时设置的军吏，令他们重新成为百姓。"公孙述立隗嚣为朔宁王。

三十日，有日食，光武避开正殿，停止军事行动，不听政事五天。诏书说："我德薄招来灾祸，谴责见于日月，战慄恐惧，还能说什么呢！现在正在考虑自己的过失，希望能消弭灾祸。命令官吏各自负起职责，遵守法令制度，加恩惠给百姓。众官僚各自呈上密封奏章，不要有所隐讳。凡上书的人，不得称我圣明。"

夏天四月十九日，诏书说："近年阴阳错乱，出现日食、月食、百姓有过失，责任全在我一人，大赦天下。公、卿、司隶、州牧荐举贤良、方正各一人，叫他们前往公车报到，朕将亲自召见考察他们。"

五月六日，前将军李通为大司空。二十二日，诏命吏民因遭遇饥荒战乱以及被青、徐二州贼人劫掠为奴婢或小妾的人，愿意离去或留下的，听任其便。胆敢拘留不放的，以卖人法处置。这年夏天，出现连阴雨。以汉忠将军王常为横野大将军。

八月二十六日，封前河间王刘邵为河间王。隗嚣侵犯安定，征西大将军冯异、征虏将军祭遵予以击退。

冬天，卢芳所任命的朔方太守田飒、云中太守乔扈各自举郡投降。当年，撤销长水、射声二校尉官。

八年春正月，中郎将来歙袭击略阳，杀死隗嚣守将而占领了该城。夏天四月，司隶校尉傅抗下狱死。隗嚣进攻来歙，不能攻陷城池。闰月，光武帝亲自讨伐隗嚣，河西大将军窦融率领五郡太守与车驾相会于高平。陇右溃败，隗嚣逃到西城，派遣大司马吴汉、征南大将军岑彭围困了西城；车驾进抵上邽，敌军不降，命虎牙大将军盖延、建威大将军耿弇攻打敌军。颍川盗贼侵占属县，河东郡的守军叛变，京师为之骚动。

秋天，发了大水。八月，光武帝从上邽日夜东进。九月初一，车驾回到洛阳宫中。六日，光武帝亲自征讨颍川盗贼，盗

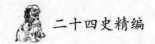

贼全部投降了。安丘侯张步叛逃回琅邪，琅邪太守陈俊征讨并俘获了他。二十四日，从颍川回到京师。

冬天十月二十二日，驾临怀县。十一月二日，从怀县回到京师。

公孙述派兵援救隗嚣，吴汉、盖延等回到长安驻扎。天水、陇西重又叛变归顺隗嚣。

十二月，高句丽王派使者进贡。当年，有大水灾。

九年春天正月，隗嚣病死，他的将领王元、周宗又拥立隗嚣的儿子隗纯为王。迁移雁门郡吏民到太原。

三月某日，初次设置青巾左校尉官。公孙述派遣将军田戎、任满据守荆门。

夏天六月六日，驾临缑氏，登上辕山。派遣大司马吴汉率四位将军打败卢芳的将领贾览于高柳，战斗不利。

秋天八月，派遣中郎将来歙监督征西大将军冯异等五位将军讨伐隗纯于天水。

骠骑大将军杜茂与贾览交战于繁畤，杜茂被战败。这一年，撤销关都尉，重新设置护羌校尉官。

十年春正月，大司马吴汉率领捕虏将军王霸等五位将军进攻贾览于高柳，匈奴派骑兵援救贾览，众将同他们交战，击退了他们。修理长安的高庙。

夏天，征西大将军冯异打败公孙述将领赵匡于天水，之后，征西大将军冯异病死。

秋天八月二十五日，驾临长安，祭祀高庙，于是又祭十一陵。二十四日，进而驾临汧县。隗嚣将领高峻投降。

冬十月，中郎将来歙等人大败隗纯于落门，隗纯的将领王元逃奔蜀地，隗纯与周宗投降，陇右平定。

先零羌人侵犯金城、陇西，来歙率领众将进攻羌人于五溪，大败羌人。

十七日，车驾回到洛阳宫中。这一年，撤销定襄郡，迁移该郡百姓到西河。泗水王刘歙，淄川王刘终双双而亡。

十一年春天二月八日，诏书说："天地之性以人为贵。杀奴婢，不许减罪。"

三月九日，驾临南阳；返回的路上，驾临章陵，祭祀园陵。城阳王刘祉死了。三十日，车驾回到洛阳宫中。

闰月，征南大将军岑彭率领三位将军与公孙述将领田戎、任满交战于荆门，大败他们，俘获了任满。威虏将军冯骏围困田戎于江州，岑彭率领水军征伐公孙述，平定巴郡。

夏四月二十八日，撤销大司徒司直官。先零羌人侵犯临洮。

六月，中郎将来歙率领扬武将军马成打败公孙述的将领王元、环安于下辩。环安派遣间谍刺杀中郎将来歙。光武帝亲自率军征讨公孙述。秋天七月，临时驻扎长安。八月，岑彭击败公孙述的将领侯丹于黄石。辅威将军臧宫与公孙述将领延岑交

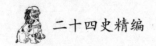

战于沈水，大败延岑军。王元投降，车驾从长安回到洛阳。

二十六日，诏书说："烧灼奴婢之人，按律论罪。赦被烧灼的人为平民。"

冬天十月某日，下诏废除奴婢射伤人要弃市的律令。

公孙述派间谋刺杀了征南大将军岑彭。马成平定武都，依靠陇西太守马援击败先零羌，把羌人分别迁到天水、陇西、扶风三郡。十二月，大司马吴汉率领水军讨伐公孙述。

这一年，撤销朔方牧，并入并州。初次停止州牧亲自进京奏事。

十二月春正月，大司马吴汉与公孙述将领史兴交战于武阳，斩了他。

三月九日，诏命陇、蜀百姓被卖为奴婢而自己到官府鸣冤的人，以及狱官未处理的，都可免为平民。夏天，甘露降于南行唐。六月，黄龙出现于东阿。

秋七月，威虏将军冯骏攻取江州，俘获田戎。九月，吴汉大败公孙述的将领谢丰于广都，斩了他。辅威将军臧宫夺取涪城，斩了公孙恢。大司空李通被罢。

冬天十一月十八日，吴汉、臧宫与公孙述交战于成都，大败述军。公孙述受伤，夜里死去。二十一日，吴汉血洗成都，诛灭公孙述的宗族以及延岑等人。

十二月初一，扬武将军马成代理大司空事务。

这一年，九真境外蛮夷人张游率领种族民众内附，封为归汉里君。撤销金城郡划归陇西。参狼羌侵犯武都，陇西太守马援讨伐并降服了他们。诏命边地官员力量不足以出战的就固守，追击敌虏根据敌情以决定进退，不受逗留法的约束。横野大将军王常死了。派遣骠骑大将军杜茂率各郡驰刑徒驻屯北方边疆，建筑亭候，修造烽火台。

十三年春天正月初一，大司徒侯霸死了。二十九日，诏书说："往年已敕命郡国，地方特产不许有所贡献，现在仍未停止，非但有预先饲养选择的劳顿，还导致频频递送于路上，使所经过的地方劳扰破费。命令太官不准再接受贡品，明确告诫地方远方的膳食只用来献给宗庙，自应按照旧规定办理。"

二月，派遣捕虏将军马武屯守呼沱河以防御匈奴。卢芳从五原逃亡到匈奴。二十七日，诏书说："长沙王刘永、真定王刘得，河间王刘邵、中山王刘茂，都袭爵为王，不符合经义。以刘兴为临湘侯，刘得为真定侯，刘邵为乐成侯，刘茂为单父侯。"刘氏皇族及原封国撤销而后代封侯的共计一百三十七人。二十八日，降赵王刘良为赵公，太原王刘章为齐公、鲁王刘兴为鲁公。（三月）十一日，以殷绍嘉公孔安为宋公，周承休公姬武为卫公。省并西京十三国：广平国属钜鹿，真定国属常山，河间国属信都，城阳国属琅邪，泗水国属广陵，淄水国属高密，胶东国属北海，六安国属庐江，广阳国属上谷。

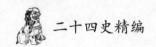

三月十二日，沛郡太守韩歆为大司徒。十七日，代理大司空事务的马成被免职。

夏四月，大司马吴汉从蜀地返回京师，于是大宴将士，并普遍慰劳将士，以策书记录下他们的功勋。功臣增加食邑重新封拜，凡三百六十五人。因外戚恩泽受封的人有四十五人。废除左右将军官。建威大将军耿弇被罢免。

益州传送来公孙述的瞽师、用于郊庙礼仪的乐器、葆车、舆辇，于是皇帝的车马仪仗才开始齐备。当时战争已停，天下警事较少，公文的往来和差役的调遣，力求简少，以至于仅有过去的十分之一。

二十六日，以冀州牧窦融为大司空。五月，匈奴侵犯河东。秋七月，广汉境外的白马羌首领率领他的族人内附。九月，日南境外蛮夷进贡白雉、白兔。

冬天十二月三十日，诏命益州百姓自建武八年以来被略卖为奴婢的人，全部释放为平民；有依托他人为妾的，愿意离去，听任离去；敢于扣留不放的，按照青、徐二州的前例以略人法处置。重新设置金城郡。

十四年春正月，建完南宫前殿。匈奴派遣使者进贡，命中郎将报聘。

夏天四月二十九日，封孔子后人孔志为褒城侯。越嶲人任贵自称太守，派遣使者上报民户簿籍。秋九月，平城人贾丹杀死卢芳将领尹由来降。这一年，会稽郡发生瘟疫。莎车国、鄯善国派遣使者进贡。

十二月某日，诏命益、凉二州奴婢，从建武八年以来向所在地方官提出申诉的人，一律释放为平民，被卖者也不必偿还卖身钱。

十五年春天正月二十三日，大司徒韩歆被免职，自杀。二十九日，有彗星出现在昴星一带。汝南太守欧阳歙为大司徒。建义大将军吴祐被罢免。二十九日，有彗星出现于营室星区。

二月，迁徙雁门、代郡、上谷三郡的百姓，安置到常山关、居庸关以东。

起初，巴蜀已平定，大司马吴汉上书请求分封皇子，不许，连续几年反复上奏。三月，才诏命群臣商议。大司空窦融、固始侯李通、胶东侯贾复、高密侯邓禹、太常登等的奏议说："古代封建诸侯，用来藩卫京师。周代封侯八百，同姓诸姬氏都因此建国，辅佐王室，尊事天子，享国久长，成为后世的法范。所以《诗经》说：'大开你的领地，成为周王室的辅弼。'汉高祖圣德，君临天下，也务必亲亲，分封兄弟和诸子，不违背过去的规定。陛下圣德通贯天地，恢复刘氏基业，褒扬宿德，奖励功勋，和睦九族，功臣和宗室都蒙受封爵，大多授予广大的封地，有的拥有数县。现今皇子仰仗天恩，已能穿成人衣冠出入迎拜，陛下恭廉克让，有意压制而不让论议封爵，群臣百姓尽皆失望。应当在此盛夏吉时，定下号位，以增广藩辅，明示亲亲之道，尊宗庙，重社稷，应古法，合旧规，满足大家的心愿。臣等请求由大司空送上舆地图，由太常选择吉日，安排礼仪。"制书说："可以。"

夏天四月二日，以太牢祭告宗庙。十一日，派大司空窦融祭告先祖，封皇子刘辅为右翊公，刘英为楚公，刘阳为东海公，刘康为济南公，刘苍为东平公，刘延为淮阳公，刘荆为山阳公，刘衡为临淮公，刘焉为左翊公，刘京为琅邪公。七日，追谥帝兄伯升为齐武公，帝兄仲为鲁哀公。

六月二十五日，重新设置屯骑、长水、射声三个校尉官；改青巾左校尉为越骑校尉。诏下州郡核实垦田亩数和户口年龄，并查实二千石长吏中徇私舞弊的人。冬天十一月初一，大司徒欧阳歙下狱死。十二月二十七日，关内侯戴涉为大司徒。卢芳从匈奴进占高柳。这一年，骠骑大将军杜茂被免职。虎牙大将军盖延死去。

十六年春天二月，交阯女子征侧造反，占据城邑。三月三十日，有日食。

秋九月，河南尹张伋以及诸郡太守十余人，由于丈量田亩不实，都被下狱处死。

郡国大姓以及私人武装首领、群盗在各地纷纷起兵，在当地攻杀抢劫，杀害长吏。郡县派兵追击，兵马一到他们就逃散，兵马一走他们又集结在一起。青、徐、幽、冀四州尤为严重。冬十月，派遣使者到郡国，允许群盗自相揭发，五人共同斩杀一人的，免去他们的罪。官吏虽然曾经犯有拖延、回避、放纵的过失，都不追究，准允通过讨伐盗贼来弥补。州牧、郡太守、县令、县长中因治内有盗贼而不去搜捕的，又有因畏惧放弃城池、擅离职守的，都不认为是失职，只按他们俘获盗贼多少来考察政绩的优劣，唯独藏匿盗贼的一定予以治罪。于是官吏们争相追捕盗贼，盗贼一并瓦解。迁徙盗贼的首领到其他郡，分给土地和粮食，让他们安心生产。此后牛马可以安心放牧，城门可以不闭。卢芳派遣使者来请求投降。十二月某日，封卢芳为代王。

起初，王莽之乱以后，布、帛、金、粟都可以当货币用。这一年，开始通行五铢钱。

十七年春正月，赵公刘良死了。二月三十日，有日食。

夏天四月某日，巡视南方，皇太子和右翊公刘辅、楚公刘英、东海公刘阳、济南公刘康、东平公刘苍随行，驾临颍川，进而驾临叶县、章陵。五月二十一日，车驾返回洛阳宫中。六月二十九日，临淮公刘衡死了。秋七月，妖巫李广等聚众占据皖城，派遣虎贲中郎将马援、骠骑将军段志讨伐他们。九月，攻破皖城，斩杀李广等人。冬天十月十九日，废皇后郭氏为中山太后，立贵人阴氏为皇后。进封右翊公刘辅为中山王，食常

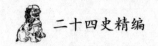

山郡的赋税。其余九个国公，都依据旧封进爵为王。

二十二日，驾临章陵。修缮园庙，祭祀旧居，视察田地房舍，摆酒作乐，颁发赏赐。当时宗室中的女姓长辈由于酒喝得兴奋互相说道："文叔小的时候恭谨诚实，待人不殷勤，只是温和罢了。今天竟能如此！"光武帝听后，大笑道："我治理天下，也想用柔道行事。"于是为春陵的宗室都建起祠堂。有五只凤凰出现在颍川郡的郏县。十二月，从章陵返回京师。这一年，莎车国派遣使者进贡。

十八年春二月，蜀郡守将史歆叛变，派遣大司马吴汉率领二位将军讨伐，包围了成都。

某日，巡视西方，驾临长安。三月某日，祭祀高庙，于是逐一祭拜十一陵。经过冯翊郡界，进而驾临蒲坂，祭祀后土。夏天四月十四日，车驾返回洛阳宫中。

十五日，诏书说："当今边郡偷盗粮食五十斛，论罪可判处死刑，开酷吏妄杀之路，废除此法，处理和内郡相同。"

派遣伏波将军马援率领楼船将军段志等进攻交阯征侧等人。

二十五日，驾临河内。二十九日，从河内回到京师。五月，有旱灾。卢芳重新逃入匈奴。

秋七月，吴汉攻取成都，斩了史歆等人。某日，赦免益州辖区犯殊死罪以下的罪徒。

冬天十月二十四日，驾临宜成。回归途中，祭祀了章陵。

十二月十日，车驾回到宫中。这一年，废除州牧官，改置刺史。

十九年春天正月十五日，追尊孝宣皇帝为中宗。开始祭祀昭帝、元帝于太庙，祭祀成帝、哀帝、平帝于长安，祭祀春陵节侯以下四世于章陵。

妖巫单臣、傅镇等造反，占据原武，派遣太中大夫臧宫围攻他们。夏天四月，夺取原武，斩了单臣、傅镇等人。

伏波将军马援击败交阯贼，斩了征侧等人。接着击败九真贼都阳等人，降服了他们。

闰月二十五日，进封赵、齐、鲁三国公爵为王。

六月二十六日，诏书说："《春秋》大义，立皇后的儿子为太子。东海王刘阳是皇后儿子，应该继承大统。皇太子刘强崇尚谦让之道，愿意退居藩国地位。父子的情谊，应以不长久违背儿子的心愿为重。以刘强为东海王，立刘阳为皇太子，改名为刘庄。"

秋九月，巡视南方。二十一日，驾临南阳，进而驾临汝南郡顿县县衙，摆酒聚会，赏赐吏民，免征南顿县田租一年。父老上前叩头说："皇上的父亲担任南顿县令时间很长，陛下熟悉这个县衙，每次一来就施加厚恩，希望能降恩免征十年的赋税。"光武帝说："我享有天下重器，常常害怕不能胜任，过一天算一天，怎么敢预定十年这么远呢？"吏民又说："陛下实际上是舍不得，为什么这样谦恭呢？"光武帝大笑，又增免一年。

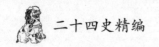

进而驾临淮阳、梁、沛等地。

西南夷侵犯益州郡，派遣武威将军刘尚讨伐他们。越嶲太守任贵谋反。十二月，刘尚袭击任贵，杀了他。这一年，重新设置函谷关都尉。修复西京的宫室。

二十年春天二月十日，返回宫中。夏天四月三日，大司徒戴涉下狱予议处死。大司空窦融被免职。

五月四日，大司马吴汉死了。匈奴侵犯上党、天水，直至扶风。

六月十四日，广汉太守蔡茂为大司徒，太仆朱浮为大司空。十六日，左中郎将刘隆为骠骑将军，代理大司马事务。十九日，改封中山王刘辅为沛王。秋天，东夷韩国人率众到乐浪郡内附。

冬天十月，巡视东方。二十日，驾临鲁国，进而驾临东海、楚、沛等国。

十二月，匈奴侵犯天水。二十八日，车驾回到宫中。这一年，撤销五原郡，迁移该郡吏民，安置到河东。免除济阳县六年徭役。

二十一年春正月，武威将军刘尚击败益州夷人，平定该地。

夏四月，安定属国胡人叛变，屯聚在青山，派遣将兵长史陈䜣讨伐平定了他们。

秋天，鲜卑侵犯辽东，辽东太守祭肜大败鲜卑。

冬十月，派遣伏波将军马援出塞攻击乌桓，未取胜。匈奴侵犯上谷、中山。

是年之冬，鄯善王、车师王等十六国都派遣儿子入侍皇帝，并进献贡品，请求设置都护。光武帝因中国刚刚安定，顾不上境外之事，于是送还他们的侍子，给予优厚的赏赐。

二十二年春天闰月十九日，驾临长安，祭祀高庙，于是逐一祭祀十一陵。二月某日，从长安回到京师。夏天五月三十日，有日食。

秋七月，司隶校尉苏邺死于狱中。

秋九月，地震造成地裂。下诏说："日前有地震，南阳尤为严重。大地，承受物体极重，所以静而不动。而今震裂，罪在君上。鬼神不顺从无德的人，灾祸降到吏民的头上，令朕不安。令南阳不必交今年的田租和饲草。派遣谒者巡察。凡死罪囚犯在地震那天以前定罪的，减死罪一等，囚徒全都解去脚镣，穿上丝棉衣服。赐给郡中被压死的人以棺材钱，每人三千。凡人头税和拖欠的田租而房屋损坏尤其严重的，不再收取。吏民死亡，或者还压在断垣毁屋下面，而家人羸弱不能收敛的，官府就出钱粮雇人，为他们寻找。"

冬天十月十九日，大司空朱浮被免职。二十日，光禄勋杜林为大司空。

这一年，齐王刘章死去，青州弄蝗灾。匈奴薁鞬日逐王比派遣使者到渔阳请求和亲，派中郎将李茂回报。乌桓击败匈奴，

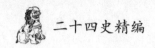

匈奴北迁，大漠以南空虚。诏命撤去边郡亭候的吏卒。

二十三年春正月，南郡蛮人造反，派武威将军刘尚征伐，迁移蛮族人到江夏。

夏天五月八日，大司徒蔡茂死了。九月十三日，陈留太守玉况为大司徒。冬天十月九日，太仆张纯为大司空。高句丽率族人到乐浪归附。

十二月，武陵蛮人造反，抢掠郡县，派刘尚去讨伐，交战于沅水，军败，刘尚战死。

这一年，匈奴奠鞬日逐王比率领部下并派使者到西河郡归附。

二十四年春天正月十九日，大赦天下。

匈奴奠鞬日逐王比率领部下并派遣使者到五原塞通好，请求替汉朝抵御北匈奴。

秋天七月，武陵蛮侵犯临沅，派遣谒者李嵩、中山太守马成讨伐蛮人，未能取胜，于是伏波将军马援率领四位将军去征伐。诏令有关部门申明过去制定的阿附蕃王法。

冬天十月，匈奴奠鞬日逐王比自立为南单于，于是分化为南、北匈奴。

二十五年春天正月，辽东境外貊人侵犯右北平、渔阳、上谷、太原，辽东太守祭肜招降了他们。乌桓首领朝见。

南单于派遣使者到京都进贡，自称藩臣；又派他的左贤王打败北匈奴，开地千里。三月，南单于派子入侍。三十日，有日食。伏波将军马援等击败武陵蛮人于临沅。冬天十月，蛮人全部投降。夫余王派遣使者进贡。当年，乌桓首领率众内属，到京师朝贡。

二十六年春天正月，诏命有关部门增加百官的俸禄。千石以上，少于西汉旧制；六百石以下，比以往俸禄有所增加。

初建寿陵。窦融上书说园陵广袤，不必计较花费。光武帝说："古时候帝王的葬具，都是陶俑瓦器，木车草马，让后世的人不知道墓室的所在。太宗懂得生死真义，景帝能谨遵孝道，遭遇大乱的变故之后，而只有霸陵有幸保全，岂不是美事吗！今所建墓地不许超过二、三顷，不堆土为陵，不修池，只要不存水就可以了。"

派遣中郎将段彬授予南单于玺印绶带。令他居云中，开始设置使匈奴中郎将一职，率兵保护南单于。南单于派儿子入侍，奉奏章来到京师。于是云中、五原、朔方、北地、定襄、雁门、上谷、代等八个郡的百姓回到了本土。派遣谒者分别带着弛刑徒修补整治城郭。发送尚在中原地区的边民，陆续返回各县，都赐给治装费，转运粮食供给他们。

二十七年夏天四月二十一日，大司徒玉况死。

五月十一日，诏书说："过去契担任司徒，禹担任司空，都没有'大'字。命令二府去掉'大'字。"又改大司马为太尉。骠骑大将军行大司马事的刘隆当天被罢免，以太仆赵憙为太尉，大司农冯勤为司徒。益州郡境外蛮夷率族人内属。北匈奴派遣使者到武威要求和亲。

冬天，鲁王刘兴、齐王刘石开始前往封国。

二十八年春天正月某日，徒封鲁王刘兴为北海王，把鲁国加封给东海王。赐给东海王刘强虎贲武士、骑兵仪仗、以木架钟磬设礼乐。

夏天六月七日，沛国太后郭氏死了，于是下诏郡县捕捉王侯的宾客，受牵连而死的有数千人。

秋天八月十九日，东海王刘强、沛王刘辅、楚王刘英、济南王刘康、淮阳王刘延开始前往封国。

冬天十月十五日，诏命死罪囚徒都一律叫到蚕室受腐刑，女子受宫刑。北匈奴派遣使者进贡，要求和亲。

二十九年春天二月初一，有日食。派遣使者清理冤狱，释放囚徒。四日，赐给天下男子以爵位，每人二级；赐给鳏夫、寡妇、孤儿、无子女的老人、有痼疾或残废的人，贫困不能自保的人以粮食，每人五斛。

夏天四月十日，诏命天下关押起来的殊死罪以下的囚犯直到一般的刑徒减去原罪一等，其余的罪可用钱财赎罪或罚劳役各有差别。

三十年春正月，鲜卑头领内属，入朝庆贺。

二月，巡视东方。十三日，驾临鲁国，进而驾临济南。闰月十三日，车驾回到洛阳宫中。有彗星出现于紫宫星区。

夏天四月九日，徙封左翊王刘焉为中山王。五月，发生严重水灾。赐给天下男子以爵位，每人二级；赐给鳏夫、寡妇、孤儿、无子女的老人、有痼疾或残废的人、贫困不能自保的人以粮食，每人五斛。秋天七月某日，驾临鲁国。免除济阳县当年的徭役。冬天十一月某日，由鲁国返回京师。

三十一年夏天五月，发生严重水灾。

二十五日，赐给天下男子以爵位二级；赐给鳏夫、寡妇、孤儿、无子女的老人、有痼疾或残废的人、贫困不能自保的人以粮食，每人六斛。三十日，有日食。这年夏天，闹蝗灾。秋天九月三日，诏令死罪囚犯都一律募集到蚕室接受腐刑，女子接受宫刑。是年，陈留下了谷子雨，形状像稗草籽。北匈奴派遣使者进贡。

中元元年春天正月，东海王刘强、沛王刘辅、楚王刘英、济南王刘康、淮阳王刘延、赵王刘盱都来朝见光武帝。二十八日，巡视东方。二月十日，驾临鲁国，继而驾临泰山。北海王刘兴、齐王刘石朝见光武帝于东岳。二十二日，焚柴望祭岱宗，登临泰山，聚土为坛而祭天；二十五日在梁父打扫干净场地而祭地。三月三十日，司空张纯死。

夏天四月五日，车驾回到洛阳宫中。十一日，大赦天下。

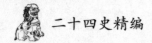

免征嬴、博、梁父、奉高等地的徭役，不交今年的田租和饲草。改年号为中元。驾临长安。二十日，祭祀长陵。五月二十八日，从长安回到洛阳。

六月二十四日，太仆冯鲂为司空。二十八日，司徒冯勤死了。

这年夏天，京师有甘美的泉水涌出，这泉水能使人们的顽症痊愈，只是盲人、跛人不能治。又有赤草长在水边。郡国频频报告发现甘露。群臣上奏道："地神显灵而朱草萌生。孝宣帝每有嘉瑞，就改年号，神爵、五凤、甘露、黄龙，都用来纪年，这是为了把感应送达天地神灵，表彰德信。因此化为升平，称作中兴。当今天下清平安宁，灵物不断降世。陛下心存谦虚退让，推辞而不愿自应瑞征，然而怎么可以让吉祥的符应和明显的喜庆湮没而无闻呢？应当命令太史把祥瑞记录编集起来，以传后世。"光武帝不同意。他常常自谦无德，每当郡国上奏祥瑞，就压下而不接受，因此史官很少能记载下来。秋天，有三个郡国出现蝗灾。冬天十月六日，司隶校尉东莱人李䜣为司徒。

十九日，派司空告祭高庙说："高皇帝与群臣约定，非刘氏不封王。吕太后残害三个赵王，擅自封吕氏为王，仰仗社稷之灵，吕禄、吕产被诛除，天命几乎旁落，危急的朝廷重新安定。吕太后不应该配享高庙，与至尊同在祖庙。薄太后德性仁慈，孝文皇帝治国贤明，子孙仰赖他们的福荫，延续皇祚至今。上薄太后尊号为高皇后，配享地神。迁吕太后庙主到园寝，四时上祭。"

十一月三十日，有日食。这一年，初建明堂、灵台、辟雍，以及北郊兆域。宣布图谶于天下。免除济阳、南顿本年的徭役。参狼羌人侵犯武都，打败郡兵，陇西太守刘肝派兵援救武都，与武都郡兵一起讨伐反叛的羌人，大获全胜。

二年春天正月初八，开始建立北郊，祭祀后土。东夷倭奴国国王派来使者进贡。

二月五日，光武帝死于南宫前殿，时年六十二岁。遗诏说："朕无益于百姓，全照孝文皇帝制度，后事必节省。刺史、二千石长吏都不要离开城池，不要派属吏或用邮传上书致哀。"

当初，武光帝久在军中，讨厌战争，而且知道天下疲惫不堪，盼望生活安定。自从陇、蜀平定以后，不是紧急情况，未曾再谈论军事。皇太子曾经问起攻战的事情。光武帝说："过去卫灵公问战阵，孔子不回答，这种事不是你所该做的。"他每天一大早就上朝，日头偏西才退朝。多次召见公卿、郎将讲论经书的道理，夜半时分才睡觉。皇太子见到光武帝勤劳不怠，找机会劝说道："陛下具有夏禹、商汤的贤明，而没有黄帝、老子养性的福气，希望能保养精神，优游自宁。"光武帝说："我自己乐意这样，不为此感到劳累。"虽然亲身建立大业，却

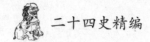

兢兢业业如同能力不足一样，所以能贤明慎重地对待国事，总揽大权，量时度力，所办的事没有什么过失。他辞退功臣而任用文官，收藏起弓箭而放马牛回归民间，虽然治国之道未能和古代圣贤的时候相比，这也算是配得上止息干戈的"武"字了。

神勇定西域　终身献汉室——班超

班超，字仲升，扶风郡平陵县人，为人有大志，不拘小节。然而内心却孝顺恭谨，在家常干重活，吃苦耐劳，不以劳累为耻辱。很有口才，博览群书。永平五年，班超的哥哥班固被召任校书郎，班超和母亲随同哥哥来到洛阳。家里清贫，班超常常替官府抄写文书来养家糊口。抄写时间久了，枯躁乏味，苦不堪言，曾中止抄写放下笔叹息着说："大丈夫没有别的志向，应当效法傅介子、张骞，在异域立功，以取得封侯，哪能长久在笔砚间讨生活呢！"周围的人都对他嗤嗤发笑。班超说："庸庸碌碌的人，哪能理解壮士的志向！"后来前往看相的人那里去，看相的说："尊驾，你是个布衣儒生，然而将来会封侯于万里之外。"班超询问其中的原因，看相的说："你长着燕子一样的下巴和老虎一样的脖颈，象征要飞而食肉，这是万里封侯的长相。"很久之后，显宗问班固："你的弟弟在哪里？"班固回答："替官府抄写文书，得些钱用来奉养老母。"显宗就任命班超为兰台令史，后来因事被免官。

永平十六年，奉车都尉窦固出击匈奴，任用班超充当代理司马，率军进攻伊吾，在蒲类海交战，斩获很多敌军首级而回。窦固认为他有才能，派遣他与从事郭恂一起出使西域。班超来到鄯善，鄯善王广招待班超在礼仪上非常周到，后来忽然变得疏远而懈怠。班超告诉他的下属官员说："是否觉得广的礼仪已变得淡薄了？这一定是有北方匈奴的使者来到，鄯善王对依附那方多疑不决的缘故。聪明的人能察觉将会发生的事情，何况现在的事情已经很明白了呢？"

于是，班超把侍候他们的鄯善人找来，诈他说："匈奴的使者已经来了几天了？他们住在哪里？"侍者张惶失措，实话实说。班超把侍者关了起来。然后召集三十六名部下到一起，与他们一起喝酒，喝到酣畅耳热的时候，趁机激怒部下说："你们同我都在偏僻遥远的西域，打算建立大功，以便趁此机会取得富贵。现在匈奴使者才来几天，鄯善王广就对我们如此无礼，如果让鄯善人把我们绑起来送往匈奴，那么我们的躯体就要作豺狼的食物了。对此怎么办呢？"部下都说："现在处于危险境地，生死关头，我们全听司马。"班超说："不入虎穴焉得虎子！根据现在的形势，只有趁黑夜用火攻匈奴使者，让他们不知道我们人数多少，必然会异常震惊恐怖，可以全部被消

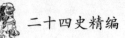

灭。消灭了这批匈奴使者，那么鄯善就被吓破了胆，我们可以大功告成了。"大家说："此事应该和从事商量商量。"班超怒气冲天地说："成败决定于今天，从事是个普通的文官，他听了这个计划，必然恐惧，而使计谋泄露，我们将一无所成地死去。这决不是好汉所干的！"众人一致说："好。"

天刚黑，班超就带领部下奔往匈奴的营地。恰巧天刮大风，班超命令十个人手里拿着战鼓藏在匈奴使者住房的后面，约定说："看见火起，都要立即猛力击鼓，大喊大叫。"其余的人都手里拿着兵器弩箭从两面封锁着大门而埋伏下来。班超就顺着风势点起火来，前后埋伏的人击鼓呐喊。匈奴人受惊乱窜，班超亲手格杀三人，部下斩下匈奴使者及其随从士兵三十多人的首级，其余的一百多人都被烧死。第二天，班超才回来告诉了郭恂，郭恂大惊，接着脸色有所变化。班超知道他的意思，举手说："你虽然没有参加这次行动，但班超怎能独吞功劳呢？"郭恂这才高兴起来。

班超于是召见鄯善王广，拿匈奴使者的首级给他看，鄯善全国为之震惊害怕。班超开导安抚鄯善王，鄯善王于是把自己的儿子送往汉朝，作为质子。班超回去以后，把这一胜利向窦固作了汇报。窦固很高兴，详细上报了班超的功劳成效，并请求重新选拔使者出使西域。明帝赏识班超的气节，下诏给窦固说："有像班超那样的官吏，为什么不派他去而要另选呢？现在提升班超为军司马，命令他继续完成未竟之功业。"班超再次受命出使。窦固打算给他增派士兵，班超说："愿率领原来跟从我的三十多人就够了，如果出现了意外，人多了反而是个累赘。"这时于阗王广德刚刚攻破莎车国，于是称雄于天山南路，而匈奴派遣使者监护他的国家。班超已经出发西进，首先到达于阗。广德接见的礼仪不周。而且该国的风俗迷信神巫。神巫说："天神发怒了，问为什么要归服汉朝？汉朝的使者有一匹浅黑色的马，赶快把马牵来杀死祭我。"于阗王就派人去向班超讨马。班超回答允许让马，不过要神巫自己来牵。不久，神巫来到。班超立即斩下他的首级送给广德，并因此指责他。广德向来听说班超在鄯善时消灭了匈奴使者的事情，非常恐慌，马上攻击杀死匈奴使者而投降班超。班超重赏于阗王及其文臣武将，并乘机安抚他们。当时龟兹王建是匈奴扶持起来的，他依仗匈奴的力量，占据天山北路，并派兵攻破疏勒，杀了他们的国王，而立龟兹人兜题为疏勒王。次年春天，班超率领部下从抄近的小路来到疏勒。在离兜题居住的橐囊城有九十里的地方，派一个叫田虑的小官去招降兜提，班超指示田虑说："兜题本不是疏勒人，该国人一定不服从他的命令，他若不立即投降，你就把他抓起来。"田虑只身一人来到橐囊兜题的王宫，兜提看田虑位轻势弱，没有丝毫投降之意。田虑趁其不备，向前劫持并捆绑了他。兜题身旁的人因事出意外，被田虑的突然行动吓得四散逃跑了，田虑把兜题挟在腋下，纵身上马，飞一般地去见班超。班超等人立即扬鞭策马，奔向槃橐城。到了那里，班超把疏勒的文武官员召集起来，向他们宣布龟兹攻灭疏勒的霸道行径和兜题的种种暴虐行为，趁机立了被龟兹杀死的疏勒国王的侄子忠来做国王，老百姓非常高兴。疏勒新国王忠和他的官吏们一致请求班超，要求把兜题杀掉，班超不同意，打算以此树立威信，放走了兜题。疏勒从此同龟兹结怨。

永平十八年，明帝去世。焉耆因为中国有国丧，于是攻杀了西域都护陈睦。班超孤立无援，而龟兹、姑墨几次发兵进攻疏勒。班超固守槃橐城，与忠互为首尾。尽管他们兵力单薄，仍然坚守了一年多。肃宗刚刚登极，因为西域都护陈睦刚刚战死，担心班超人单势危不能自保，下诏召班超撤回汉朝。

班超出发撤回汉朝，疏勒举国忧虑恐惧。该国都尉黎弇说："汉朝的使者一旦抛弃了我们，我们疏勒国就会再一次被龟兹灭亡。实在不忍心看见汉朝的使者离去。"说罢，就用刀自杀了。班超回到于阗，于阗的王侯以下都呼号悲泣，说："我们依靠汉朝使者如同孩子依靠父母一样，实在不能离我们而去。"互相抱着班超坐骑的脚，使班超无法前行。班超担心于阗国最终不会让他东进，又打算继续完成自己的志向，于是又回到了疏勒。疏勒有两座城在班超离开以后，又投降了龟兹，并和尉头国联合。班超逮捕斩杀了反叛者，打败了尉头国，杀了六百多人，疏勒再度安定下来。

建初三年，班超统率疏勒、康居、于阗、拘弥等国军队一万多人攻打姑墨国的石城，攻破了它，斩首七百级。班超打算趁机平定各国，就上疏请求增派军队，说："臣看见先帝打算开通西域，所以北面进击匈奴，西面出使各国，鄯善、于阗立即归附。而今拘弥、莎车、疏勒、月氏、乌孙、康居又愿意归附，打算共同合力平灭龟兹，打开通往汉朝的道路。如果得到龟兹，那么西域不顺从的就只有百分之一了。臣伏地自思，我出身于军队小官，实愿踏着谷吉的足迹，捐驱于偏僻遥远的边地，也许可以像张骞那样弃身于空旷的原野。从前魏绛不过是诸侯国的一个大夫，尚且能够与戎人和好，何况臣凭借大汉的声威，而连铅刀一割的用处都没有吗？前朝评议的人都说夺取西域三十六国，称为断匈奴右臂。现在西域各国，从日落之处起，没有不归化的，大小国家喜悦，献物给朝廷不断，只有焉耆、龟兹还没有归服顺从。臣以前和部下三十六人出使偏僻遥远的西域，备遭艰难困苦。自从孤军坚守疏勒，至今已有一年，胡夷的心理，臣很能领会。问西域大小城郭诸国，都说'依靠汉朝与依靠上天相同'。由此证验，那么葱岭之道可以打通；葱岭之道打通了，那么龟兹就可以讨伐。现在应该任命龟兹侍子白霸为该国国王，以步、骑兵几百人送他前往，与各国的军队联合，年月之间，龟兹可以擒服。用夷狄进攻夷狄，是上等的计策。臣看见莎车、疏勒的土地肥沃宽广，牧草丰盛，不比敦煌、鄯善之间的差，出征的士兵可以不费中国的粮草而自给自足。况且姑墨、温宿二国国王，是被龟兹所扶立，既不是该二国的人，更被该二国人民所厌恶，势必会有反叛、归降的事件发生。如果二国前来投降，那么龟兹不攻自破。希望下发臣的奏章，让大臣参考定计。实在有万分之一可取之处，即使死了又有什么怨恨呢。臣班超渺小，特蒙神灵保佑，暗中希望不要让我现在死去，让我能亲眼看见西域的平定，陛下举起祝贺的酒杯，告大功于祖庙，宣布大喜于天下。"此书奏上，章帝知道这件事可以成功，商议打算派给部队。平陵人徐干素来与班超志同道合，上书愿意奋不顾身辅佐班超。建初五年，于是任用徐干为代理司马，率领驰刑徒和义从一千人前往增援班超。

此前莎车认为汉军不会出塞，于是投降了龟兹，而疏勒国都尉番辰也跟着叛变。恰巧碰上徐干刚到，班超就和徐干进击番辰，大败番辰，斩首一千多级，捕获了许多俘虏。班超已经击败番辰，打算进攻龟兹。认为乌孙的兵力强大，应借助它的力量，就上书说："乌孙是个大国，有士兵十万，所以武帝把公主嫁给乌孙王为妻，到孝宣皇帝的时候，终于得到乌孙的帮助。现在可以派遣使者去招抚他们，与他们齐心合力对付龟兹。"章帝接受了这个建议，建初八年，任命班超为将兵长史，给予大将军的乐队、旗帜和仪仗。任用徐干为军司马，另外派

遣卫侯李邑护送乌孙使者，赏赐大小昆弥以下官员锦帛。

李邑才到于阗，正当龟兹进攻疏勒，李邑害怕，不敢前行，因此上书陈述西域的事情不会成功，又大肆毁谤班超拥抱爱妻、爱子，在外国过安乐的生活，没有内顾中国之心。班超听说后，叹息说："我不是曾参却遭到接二连三谗言的攻击，恐怕要受到当朝的怀疑了。"于是休退了他的妻子。章帝知道班超忠诚，于是痛切地责备李邑说："即使班超拥爱妻、抱爱子，想回国的士兵有一千多人，为什么都能同班超一条心呢？"命令李邑前往班超那里接受部署和节制调度，下诏给班超："如果李邑在你那里有可以委派的任务，可以留下来任职。"班超马上派李邑带领乌孙侍子回京师。徐干对班超说："李邑以前亲自诋毁您，打算破坏夺取西域的大计，现在为什么不遵照诏书留下他，换派其他官吏送侍子呢？"班超说："为什么话说得这样粗陋？因为李邑毁谤我班超，所以今天派遣他回去。自己问心无愧，何必担忧别人说什么！图一时内心的痛快而留下他，不是忠臣。"

第二年，又派遣代理司马和恭等四人率兵八百前往班超那里，班超乘机调发疏勒、于阗的军队进攻莎车。莎车暗暗地派使者到疏勒王忠那里，以重利引诱他，忠于是反叛顺从莎车，向西守卫乌即城。班超就另立疏勒国的府丞成大充当疏勒王，全部调发没有反叛的人去进攻忠，双方对峙了半年之久，而康

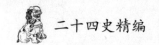

居派遣精兵援救忠，班超不能取胜。当时大月氏新与康居结亲，互相友善，班超就派使者多带锦帛送给大月氏王，让他去说服康居王，康居王于是罢兵，把忠带回到他的国家，乌即城就向班超投降了。

过了三年，忠说动康居王借了军队，回来占据了损中城，秘密地与龟兹策划，派使者向班超伪降。班超内心里知道他的奸计而外表装作答应他的样子。忠大为喜悦，立即率领轻装骑兵前来见班超。班超秘密地安排伏兵以等待忠。为他摆宴奏乐，喝了一会儿酒，便大声呵斥部下把忠绑起来杀掉。趁机袭击打败了他的队伍，杀死七百多人，天山南路于是就畅通无阻了。

次年，班超调集于阗等国的军队二万五千，再次进攻莎车。而龟兹王派遣左将军调发温宿、姑墨、尉头等国合计五万人援救莎车。班超召集将校和于阗王商议说："现在兵少难以匹敌，应付之计不如各自散去。于阗的部队从这儿向东，长史也从这里西归，等到夜里以鼓为号，听到鼓声，就各自出发。"消息传开以后，班超暗暗地嘱咐看守俘虏的士兵放松戒备，让被俘的龟兹士兵逃回去报告消息。龟兹王听闻之后大喜，自己带领一万名骑兵在西部边界截击班超，让温宿王率领八千骑兵在东部边界伏击于阗部队。班超得知二支敌军已经出发，秘密召集各部整装，鸡叫时奔赴莎车营地，胡人大惊，慌乱奔跑，追击斩首五千余级，大量缴获马匹，牲畜、钱财和物资。莎车于是投降，龟兹等国的军队因而各自退走四散，从此班超威震西域。

当初，大月氏曾经帮助汉朝进击车师有功，这一年进贡奉献珍宝、符拔和狮子，因而求娶汉朝公主作妻子，班超拒绝了大月氏王的请求，让大月氏的使者回去，因而引起了大月氏王的怨恨。永元二年，大月氏派遣副王谢率领部队七万攻打班超。班超的士兵较少，都非常害怕。班超开导士兵说："月氏虽然兵多，然而跋涉几千里翻越葱岭而来，没有给养补充，有什么担忧的呢？但应当坚壁清野，坚守不战，他们饿极自然会来投降，不过几十天就可决定胜负了。"谢于是前来攻打班超，攻不下，便放纵士兵四处抢掠，然而一无所获。班超估计他们的粮食将要用完，必定向龟兹求救，于是派遣几百名士兵在东部边界截击他们。谢果然派遣骑兵携带金银珠宝美玉等赠送龟兹。班超的伏兵拦击，把他们全杀死，手里拿着他们使者的首级给谢看。谢非常惊恐。马上派遣使者前来请罪，希望能让他们活着回去。班超放回了他们。大月氏为此大受震动，年年岁岁，向汉朝贡献方物。

第二年，龟兹、姑墨、温宿都来投降，于是任用班超充当西域都护府都护，徐干充当长史。任命白霸充当龟兹王，派遣司马姚光护送他。班超与姚光共同胁迫龟兹废掉国王尤利多而拥立白霸，让光带领尤利多回到京师。班超居住龟兹它乾城，徐干屯守疏勒。西域只有焉耆、危须、尉犁因为从前曾杀死过

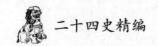

都护，怀有二心，其余的国家全部平定。

永元六年，班超于是调集龟兹、鄯善等八国兵合计七万人，以及部下和商人一千四百人讨伐焉耆。部队到达尉犁国界，便派遣使者晓谕焉耆、尉犁、危须说："我们都护前来，打算安抚三国，如想改过从善，应该派遣高级官员来迎接都护。我们都护自当赏赐。事情办完就回师。现在赏赐国王五色丝绸五百匹。"焉耆王广派遣他的左将北鞬支牵着牛抬着酒来迎接班超。班超质问北鞬支说："你虽然是匈奴侍子，而今却掌握着国家的权力，都护亲自前来，国王不及时出迎，罪过在你。"有人向班超建议，要乘机杀掉北鞬支。班超说："不是你所能考虑得到的，这个人的权力比国王还大，现在我们还没有进入焉耆，就先把他杀了，那会使他们增疑，严加防备，扼守险要，我们难道能顺利地到达他们的城下吗？"于是赏赐北鞬支许多礼物，送他回去。广就和高级官员在尉犁迎接班超，并献上珍奇的礼物。

焉耆国有一座"苇桥"，是进入焉耆的通道，广于是封锁该桥，不打算让汉军进入焉耆国。班超改从其他道路越境。七月的最后一天，到达焉耆，离城二十里，安营在大泽之中。广因出乎意外，大惊失色，于是想丢弃王城，驱赶百姓作掩护，退居山中的城堡里去。焉耆左侯元孟从前曾在京师时作质子，秘密派遣使者把这件事告诉班超，班超马上把他斩杀，表示不相信。于是约定某一天班超要和各国国王见面，还宣扬将要重加赏赐，于是焉耆王广、尉犁王汎和北鞬支等三十人相跟着来见班超。焉耆国相腹久等十七人害怕被杀，都逃亡入海里，而危须王也没有赴会。坐下来后，班超愤怒地质问焉耆王广："危须王为什么没有来到？腹久等人为何逃走？"于是喝令部下把广和汎等人当场捉拿，押到陈睦过去驻守的城址外杀掉，送首级到京师。并放纵士兵抄掠，斩首五千余级，抓获俘虏一万五千人、马牛羊三十多万头，改立元孟为焉耆王。班超在焉耆留住了半年，安抚当地百姓。

第二年，皇帝下诏说："以往匈奴独占西域，抢掠河西，永平末年，城门白天也都关闭。先帝深深同情边民遭受敌寇杀害，就命令将帅出击西部，攻破雪山，兵临蒲类，取得车师，城郭各国受到震慑，纷纷归附，于是开通西域，设置都护，而焉耆王舜、舜的儿子忠独自策划反叛，倚仗该国有险要的关隘，杀害西域都护，并加害到都护的部下。先帝重视平民的生命，不愿再兴兵役，所以派遣军司马班超安抚于阗以西城郭各国。班超于是越过葱岭，抵达悬度，出入二十二年，城郭各国，尽皆臣服。改立各国国王，而安定各国的人民，不动摇中国，不烦调发士兵，使得远方夷人地区，呈现一派和平兴旺的景象，统一不同风俗的人们的心态，而行上天的诛伐，消除过去的耻辱，以报阵亡将士的仇恨。《司马法》说：'奖赏不能拖过一个

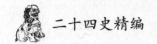

月，想让人们能迅速看到作善事的好处。'封班超充当定远侯，享受一千户人家的赋税。"

班超感到在偏僻遥远的西域住得已经很久，年老思念故土。永元十二年，上书说："臣听说太公封在齐国，五代死后都埋葬在周地，狐狸将死头必然向狐穴所在山丘，代郡的马不忘故乡而依恋北风。周、齐两地同在中原，只有千里之隔，何况我处在遥远荒凉的边地，小臣怎能没有依恋北风，头向故土的思念呢？蛮夷的风俗，畏惧壮年人，欺侮老年人。臣班超如狗马变老，牙齿不全，时常害怕风烛残年，经不起风霜，一旦倒下，孤魂弃于他乡。昔日苏武困留匈奴之中有十九年，而今臣有幸得以奉节带印，监管领护西域，如果是以享年终老驻守地，实在无所遗恨，然而恐怕后世人有功业已就而身死异域之讥。臣不敢奢望回到酒泉郡，但愿活着进入玉门关。臣衰老多病，冒死妄言，谨派儿子班勇带着进贡礼物进入塞内。趁臣还活着的时候，让班勇亲眼看见中原的故土。而班超的妹妹、同郡人曹寿的妻子班昭也上书为班超请求说：

妾同胞哥哥西域都护定远侯班超，有幸得以小功特别蒙受重赏，爵位列在通侯，官秩等级二千石。天恩特出，确实不是小臣所应该蒙受的。班超开始出使西域，志在为国献身，希望建立小功，以身报效。恰巧碰上陈睦败死的事变，道路阻隔断绝，班超以一身辗转在偏僻遥远的地区，晓喻开导各国，利用

158

他们的部队，每次战斗，总是冲杀在前，身受金属武器的伤害，不怕死亡。依赖承蒙陛下的神异威灵，才得以在沙漠之地延长寿命，至今累计已达三十年。至亲生离，不再相识。原来跟随他的部下不少，都已经去世。班超年龄最大，今年已经七十岁了。衰老多病，头发全白，双手不听使唤。视觉、听觉不灵敏，扶着手杖才能行走。虽想竭尽全力，用来报答帝王的恩赐，但困于年迈，如狗马牙齿落尽。蛮夷的习性，狂悖忤逆，欺侮老人。而班超已朝不保夕，长久不见有人接替，恐怕会造成为非作歹人的出现，和叛逆作乱之心的滋生。而卿大夫都心怀侥幸，没有人肯作长远的考虑。如果突发暴乱，班超已是力不从心。那么对上亏损国家多世建立的功业，对下抛弃忠臣竭尽全力取得的成果。实在值得痛惜，所以班超万里上书自述心中的甘苦和焦虑，伸着脖颈眺望，至今已有三年，未见审察评议。

妾私下听说古时候十五岁服兵役，六十岁复员，也有休息不再任职的。由于陛下用至孝治天下，所以得到万国的欢心，不遗弃小国的臣属，何况班超已得到侯伯的爵位，所以敢冒死替班超请求怜悯，乞求班超得享余年。一旦得以活着回来，重见宫阙，使国家没有远征的顾虑，西域也无叛乱的忧患，班超得以长久蒙受魏文侯葬骨般的恩宠、田子方哀怜老马般的仁惠。《诗经》说："人民也真劳苦啦！该让他们躺一躺。爱护京城这些人，因而安抚了四方。"班超有书信与妾活着诀别，恐怕不能再度相见。妾确实伤心班超在壮年之时竭忠尽孝于沙漠之地，疲惫衰老的时候捐驱于空旷的原野之上，实在使人哀痛怜悯。如果得不到救护，班超以后有一天遭遇变故，希望班超一家有幸能得到赵括之母和卫姬那种不受连坐的优待。妾愚直不懂大义，冒犯禁讳。

汉和帝看了班昭的书奏，被她的话所感动，于是调班超回汉。

班超在西域三十一年。永元十四年八月到洛阳，被任命充当射声校尉。班超平素患有胸痛病，回来以后，病情加重。和帝派中黄门探问病情，赐给医药。这年九月病死，享年七十一岁。朝廷怜惜他，派使者前吊祭、所赠葬具非常优厚。子班雄继承爵位。

当初，班超被调回，任用戊己校尉任尚充当都护。与班超办理交接事宜，任尚对班超说："君侯在外国三十余年，小人卑下而继任君侯的职位，责任重大而计谋思虑肤浅，应该对我有所教诲。"班超说："我年老昏愦，任君多次担当重要职务，难道是班超所能够企望赶上的吗？实在不得已，愿进愚钝的建议。塞外的吏士，本来不是孝子贤孙，都是因为罪过发配到边地军营中屯田的。而蛮夷怀有鸟兽之心，难抚养而易滋事。现在你性情严急，水清无大鱼，苛察得不到属下的人附和。应当摆脱世务，自求安逸，治理简易，宽宥小过，只抓大原则就行

了。"班超离开后，任尚私下对亲信说："我认为班君会有奇异的计谋相告，今天所说平平而已。"任尚来后不到几年，西域便发生叛乱，因为失职罪被调回，正如班超所告戒的那样。

文章华美传千古——班固

班固字孟坚。九岁，就能写文章、诵诗和赋。年长后，逐渐博贯群书，对九流百家的著作，都做彻底钻研。他学习没有一定的老师，不为章句之学，只是抓住学问的主要意义而已。他生性宽和容众，不恃己才压制别人，儒生因此而敬慕他。

永平初年，东平王刘苍因为至亲的关系以骠骑将军的名义助理国政，开东阁，延英雄。当时班固正年少，就上书给刘苍说：

将军您以周公、邵公的德行，屹立于本朝，承继了美好明智的策略，建立了威武灵祥的称号，过去是周公有此殊荣，今天是将军，《诗经》和《尚书》所记载的，再无他人有此事了。《传》上说："必有非常之人，然后有非常之事，有非常之事，然后有非常之功。"班固我有幸生于清明之世，安乐处于视听范围之外，用蝼蚁般短浅的目光，悄悄地观察国政，真诚地赞美将军担负着千载以来的重任，踏着先圣周公的足迹，摆开舒展美好的姿态，雄据贵宠的地位，博贯一切事务，服膺《六艺》、区分黑白是非，求善无厌，甚至对狂夫的言语也加以采择，不违背对民众的诺言。我看见您新开了幕府，广泛地延揽俊杰，四方的士人。（匆忙归附，）甚至穿颠倒了衣裳。将军应当详细考察唐尧、唐汤对皋陶、伊尹的举荐，让无论远近都不偏废，隐居的一定得到显达，寄希望于总揽贤才，聚集明智，悠游庙堂，名声扬于当代，巨大的影响在后代将连绵不尽。

　　我看原来担任过司空掾的桓梁，是老成博学之儒士，在州里德高望重，已经七十岁了，行为不逾越法则，是参予助祭清庙的最佳人选、当代的俊美之士。京兆祭酒晋冯，自幼修身，头白了也不改初衷，他好古乐道，具有古代美好的行为，社会上的人没有赶得上他的。扶风掾李育，通晓经典行为卓著，教授一百个学生，客居于杜陵，住的茅屋，连阶梯也是土造的。京兆、扶风两个郡相继请他为官，因为家贫，他几次都借故有病而辞归了。温故而知新，议论通达明晰，遵循廉洁原则，行为和才能都兼备，虽然是前世的名儒，国家所器重的人，没有谁能如今的韦贤、平当、孔光、翟方进比的。应当让他们主持考绩，由此而让他们参预更多的事务。京兆督邮郭基，他的孝顺行为在州里很著名，经学方面受到老师同学的赞扬，政务方面的成绩有绝然不同于人的效果。如果郭基能到将军身边，让他做您秉笔的僚属，那么进一步他将会如鸿鹄高飞有大用，退一步说他会在危急之时奋不顾身为国像杞梁一样战斗而死。凉州从事王雍，躬行卞严一般的节义，倘若增强礼乐方面的修养，凉州的达官贵人们就没能超过他们的了。古代的周公一举兵就有三国埋怨，说："为什么把我们安排在后面呢。"请将军尽快开府理事，以慰远方。弘农功曹史殷肃，广闻博学，才能绝伦，能够吟诵《诗经》三百篇，奉使对答如流。以上所说六位先生，都有卓越的行为、绝代的才能，他们的道德高尚闻名当代，如蒙将军征纳任用，作为将军您的辅佐，这就是孔子感叹山梁的雌雉一样，正遇上了他们的活动的好时候呵。过去卞和献宝，被施加了刖刑；屈原尽忠报国，最终自沉于汨罗江，但和氏璧却千年以后也放射出光芒，屈原的文章万代以后也受到赞赏。但愿将军继续发射照耀细微的光明，发扬周公那种太阳偏西了还来不及吃饭的勤恳精神，屈尊委威，不耻下问，让茫茫尘世之中，永远再没有卞和、屈原那种遗恨。

刘苍采纳了班固的意见。

父亲班彪亡故之后，班固回乡。班固认为班彪所续的前朝史不详细，就潜心研究，想完成父亲未尽的事业。不久有人上书明帝，告发班固私自改作国史。明帝有诏书下到郡时，逮捕了班固关进京兆府的监狱里。把他家的书也全部拿走了。原先扶风人苏朗造假图谶到处散布流言，关进监狱中死去了。班固的弟弟班超怕班固被郡县里拷问，班固自以为不难辩护清楚，就奔赴到京城上书，得到了明帝的召见。班超把班固著作的意图完全向明帝作了说明，而这时侯郡里也上书（说明班固著作的本意）。明帝认为班固是奇才，就召他在校书部工作，任命他为兰台令史。班固与前任睢阳令的陈宗、长陵令尹敏、司徒从事孟异共同完成了《世祖本纪》。提升班固为郎官，做典校秘书的工作。他又写了功臣、平林、新市、公孙述等列传、载记二十八篇，上奏明帝。明帝就让他重新去完成以前他所写的著作。

班固认为汉代继承的是帝尧的气运，在这个基础上建立了皇帝的基业，帝位传到第六位皇帝汉武的时候，史臣司马谈和司马迁就追述皇家的功德，私作本纪，将大汉朝的历史编在百王之末，置于秦朝和项羽之侧，太初年以后的事，又付之阙如不予载录，因此他研究以往的史书，搜集所闻，写成了《汉书》。《汉书》从汉高祖写起，到汉平帝之世及王莽被诛杀结束，共十二世，二百三十年，全书条理行事，依靠并贯彻《五经》，上下博通，写了如《春秋》经一样形式的帝纪、表、志、传一共一百篇。班固自永平年代中期受诏，潜精积思二十年，到建初年才完成。时人很重视他的书，学者加以诵读的。

班固自从为郎官以后，渐渐得到皇上的亲近。当时京师建造宫厅房室，修建城壕，而关中父老还是盼望朝廷西顾。班固有感于前代司马相如、东方朔之流创作文章，归结到讽劝，于是给皇上献上了《两都赋》。他在文中盛赞洛阳宫室制度的完

美，以此来驳斥主张淫侈的理论。

后来汉章帝爱好文章，班固就更加得到宠信，多次到皇宫中给皇上读书，有时候甚至连续几天几夜。每次皇上巡视外地，他就献上赋、颂。朝廷有重大的事情议论，皇上让他诘问公卿，在皇上面前展开辩论，对班固的赏赐恩宠很厚。班固自觉有两代人的学问才识积累，而官位超不过郎官，对东方朔、杨雄对自己的议论很有感触，悔恨自己没遇上苏秦、张仪、范睢、蔡泽所处的时代，于是作《宾戏》自荐。后来升任班固做了玄武门的司马官。皇上与诸儒生讲论《五经》，班固作了《白虎通德论》，皇上又命令他把当时讨论的情况撰写成文。

当时北单于派遣使臣前来贡献，请求与汉朝和亲，皇上诏问群臣。议论的人有的认为："匈奴是善于欺骗的国家，没有归服汉朝的心意，只是畏惧汉朝的威望，被南匈奴追逼，所以希望汉朝回访（借助汉朝）来安定他们众叛亲离的局面。现在我们如派遣使臣前去，恐怕会失去南匈奴亲附我们的诚意，而助成了北匈奴（狐假虎威）的奸诈之计，不能与北匈奴和亲。"班固议论说："我考虑，自从汉室兴起旷世历年，军事上都与夷狄纠缠，尤其是与匈奴之间的事最多。安抚、防御的方法，手段不一样，或者用政治手段与他们讲和，或者用武力征讨他们，或者卑下地迁就他们，或者他们臣服汉朝。虽然屈伸不定，原因因时而异，但是没有拒绝与他们的往来而放任他们、不与他们交接的。所以自从光武开始，就重新整顿原有的典制，多次派出使者，以至使者前后相继，一直到光武帝后期，才开始暂时地断绝了与他们之间的关系。永平八年，又重新议论与他们通好。当时在朝廷上争论了好几天，不同意见杂然纷陈，多数认为匈奴通好困难，很少说与他们结好的容易的一方面。先帝（汉明帝）圣明，高瞻远瞩，于是又派出使者，与匈奴的关系恢复到跟从前一样了。以此推知，没有一世放弃而不发展与匈奴关系的。现在乌桓国来朝，向翻译官稽首；康居、月氏，自远而来；匈奴分崩离析；有名的国王来降服，西、北、南之人都前来归服，都是在没有使用武力的情况下出现了，这实在是国家与神相交通的自然的征验呵。臣愚蠢地认为应该依照过去的成例，再派使者去匈奴，这样从远处说可以继承五凤、甘露年间接待远方归服之人的精神，从近处讲不抛弃建武、永平年间实行羁縻政策的意义。外族使者来两次，我们派使者去一次，既可以说明中国是以忠、信为主的，又可以使他们知道圣明的汉朝礼义是有一定的，岂可叛背、狡猾、辜负了我们的好意呢？不与匈奴往来我不知道有什么好处，与他们通好我没有听说什么害处。假若北匈奴稍微强大，能够兴风作浪，那时候再寻求与他们通好，怎还来得及呢？不如借助现在的情势施予恩惠，从眼前和长远来制订对待他们的策略。”

班固又作了《典引篇》，叙述汉朝的德属继承。他认为司马相如的《封禅赋》，文字虽然绮丽但体裁没有什么根据，杨雄的《美新赋》，文体虽然有所根据但事实虚伪，大约是他认为达到了各方面的最高成就。

《河图》、《洛书》确实、明白，是天的智慧；孔子的图书、遗命，是圣人的信任；躬行道德的根本（孝道），是端正人性；逢吉祥之代，当封禅之时，是天子所受的大命。顺从天命以创立制度，稳定人性以协和神灵，报答天、地、人之神所多次给予的福瑞，展开效法唐尧封禅的明文，这件事情重大而允当，无论醒着还是睡着都萦绕在皇上的心里。瞻前顾后，（一味推让，）岂不是轻视祖宗而难正天命吗？从远古开始考察，迄于今世，封禅的共有七十四人，其中虽有天下不使其封禅而假为竹素之文者，没有光扬法度而弃其文章而不封禅者，现在轮到了我们为何使其独缺（不封禅）呢！

这时候圣上（章帝）既已倾注精神，全面掌握文化，屡次访求儒者，倾听故老的意见，与他们讨论斟酌道德的渊源，探索仁义的深刻道理，以这样的行动来追求瑞符所显示的前景的完善。既听从各诸侯的直言，又根据占卜的兆辞广泛地思考。将要延续万代，宏扬光辉，振奋博大的火德，激发以往的遗风，传播浓烈的芳香，久而愈新，用而不竭，深沉浩荡的上天的大法，谁能使它完美无缺地施行呢？只有唐尧呵，只有大汉呵！班固后来因为治母丧而离职。永元初年，大将军窦宪出征匈奴，班固为中护军，并参予议事。北单于听到汉军出征的消息，派遣使者叩访居延塞，意欲与汉朝修好，朝见天子，请求汉朝派使臣。窦宪派遣班固代行中郎将的权力，率领数百名骑兵与匈奴使者一起出居延塞迎接北匈奴单于。正遇上南匈奴击破了北匈奴的王庭，班固到了私渠海，听到了这一消息，就带领众人回到了塞内。到后来窦宪战败，班固因连坐最先免去了官职。

班固对他的手下人不加管教，他的手下人不遵守法度，小吏们感到很恼火。当初，洛阳令种兢在路上行走，班固的家奴扰乱种兢的车辆马匹，小吏持椎大声向他呼喊。班固的家奴借酒醉而叫骂，种兢大怒。只是因为畏惧窦宪而不敢发作，只好怀恨在心。到窦宪的宾客都遭到逮捕审问时，种兢因为旧恨而抓了班固并把他关了起来，班固于是死在了监狱之中，时六十一岁。皇上下诏谴责种兢，种兢处罚了主其事的小吏而搪塞过去了。

班固所著的《典引》、《宾戏》、《应讥》、诗、赋、铭、诔、颂、书、文、记、论、议、六言等作品，留下来的共有四十篇。

三

国

志

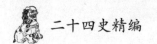

《三国志》概论

　　《三国志》为西晋杰出史学家陈寿所撰著，主要记叙魏、蜀、吴三国鼎立时期的历史。该书是继《史记》、《汉书》之后的又一纪传体史学名著，与《史记》、《汉书》以及《后汉书》并称为"前四史"，共同成为我国古代二十四史之翘楚。

一

　　陈寿，字承祚，巴西郡安汉县（今四川南充北）人，生于蜀汉后主刘禅建兴十一年（233），卒于西晋惠帝元康七年（297），享年六十五岁。

陈寿平生才学出众，以蜀中文士入仕中期，故后关生仕途极为坎坷，故此《华阳国志·陈寿传》论其人生结局，如是叹曰："位望不充其才，当时冤之。"

陈寿之世，史学著述颇为繁荣。继两汉传统，其时魏、吴两国均设有专门史官，掌管国家大事、帝王起居的记录。在曹魏，文帝、明帝曾命卫觊、缪袭草创纪传，累载书不得成，后又命韦诞、应璩、王沉、阮籍、傅玄、孙该等共同撰作，最后由王沉独就其业，成就《魏书》四十卷，其书固然毛病不少，如刘知几曾说它"多为时讳，殊非实录"，但其中不乏原始材料。在官修之外，尚有鱼豢私人撰作的《魏略》八十九卷，其书"巨细毕载，芜累甚多"（《史通·题目篇》），但资料甚为丰富。这些都为后来陈寿撰著《魏志》作好了前期的资料准备工作。在孙吴，亦曾谕令韦曜、周昭、薛莹、梁广、华核等人撰作《吴书》，其书由韦曜独终其业，计五十五卷。这自然也成为陈寿撰著《吴志》的主要参考资料。至于蜀汉，虽说"国不置史，注记无官"（《三国志·蜀后主传评》，但私人著述仍然颇多。这些著述也有可为陈寿撰作《蜀志》的材料。当然，《三国志》的成书，主要在于陈寿本人的辛勤收集和刻苦钻研。

陈寿在着手《三国志》的创作前，有过相当长时期的研究准备。早在他入仕晋朝任佐著作郎时，因晋制规定凡"著作郎到职，必撰名臣传一人"，他就撰有蜀汉丞相诸葛亮故事，将诸葛亮著作"删除重复，随类相从"，在平阳侯相任上时编成《诸葛亮集》二十四卷。其书上奏朝廷后，就备受晋武帝赞赏。此后开始了蜀汉地方史的研究。鉴于既有的前人著述《巴蜀耆旧传》"不足经远"，于是在巴蜀之外，陈寿又加入汉中人物，撰成《益部耆旧传》十篇。史称此书文辞优雅，史事翔实，"较美《史》、《汉》"，"焕乎可观"（《华阳国志·先贤士女总赞》）。此外，他还撰作《释讳》、《广国论》等书。晋武帝咸宁六年（280），西晋灭吴，于是天下复归一统，三国图籍及各种文献资料，得以统一集中于洛阳，至此撰作前朝断代史的条件已臻完备，由是陈寿"乃鸠合三国史，著魏、吴、蜀三书六十五卷"（《华阳国志·陈寿传》）。在撰作《三国志》前后，陈寿还以资料汇编的形式辑录有《魏名臣奏事》

四十卷、《汉名臣奏事》三十卷，以及撰作《古国志》五十卷。累计陈寿平生著述，计达二百五十卷（篇）以上，其中流传至今者，仅见被后世列为"正史"的《三国志》。

《三国志》记叙了自公元 184 年黄巾起义至公元 280 年西晋灭吴，近一百年的历史。全书记载的内容，包括魏、蜀、吴三国形成、发展乃至消亡的全部历史过程。

根据历史发展的线索，陈寿以"实录"的形式分别成书《魏志》（亦称《魏书》）、《蜀志》（亦称《蜀书》）、《吴志》（亦称《吴书》）。其中《魏志》三十卷：帝纪卷四、后妃纪卷一、宗室传卷二、列传卷二十一、方伎传卷一、外国传卷一；《蜀志》十五卷：刘二牧传卷一、先主后主传卷二、后妃宗室传卷一、列传卷十一；《吴志》二十卷：吴主传卷二、妃嫔传卷二、宗室传卷二、列传卷十四。另有《叙录》一卷（早佚）。三书成书次序为《蜀》先、《魏》次、《吴》后，三书合一，是为《三国志》，共计六十五卷。

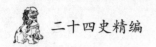

二

《三国志》是一部纪传体的断代史。

从其成书的时间来看，在所有正史中紧承《汉书》之后，所以其创作原则和方法全以《汉书》为楷模，但不同之处在于，《三国志》仅有纪、传而无表、志。

由于《三国志》记叙的是魏、蜀、吴三个政权的历史内容，在中国历史发展行程中显示出三驾马车的轨迹，故此在三个国家的形成、发展直至消亡的史实编纂上，陈寿独创一格，分国各自为史，"原始察终"，溯源导流，各自形成一个完整的体系。正因有此，我们从中看到了一种与其他"正史"不同的断限方法。

整体来看，《三国志》这部断代史，依据所叙内容，其时间所断之限，前伸东汉后延西晋各有一定的所限，给世人一个十分明白的前因后果，其榫卯构接颇为严合。

在《三国志》的创作过程中，陈寿以实事求是地依据既成的历史事实，将魏、蜀、吴三个政权作为各自独立的个体看待，将它们各国历史单独成书，以示这三个政权在历史中的合法性——均以正朔承绪刘汉王朝。这就是人们所说的三国体制"正朔有三"。但从整个社会的发展走向来看，这三个政权在上承下启的过程中毕竟有所不同，故而陈寿在运笔时亦随之而予以一定的区别。

从中国历史发展走向的主航道来看，东汉之后三国并峙，三国而降西晋一统，作为断代史的《三国志》，在系年上必须有一条能贯穿全书的主纲，这一主纲必须与前之汉、后之晋在系年上连接起来而无间断。因此，在三国中究竟以哪一国的君王为"纪"，关系着整部《三国志》的分合自然、首尾相应。陈寿在编纂过程中选用了曹魏的系年作为全史之纲，以此来统属这三个独立的割据政权在同一时期内的种种事件。这样就有了《魏志》中的"武帝纪"、"文帝纪"、"明帝纪"等，而于其它两国国主则分别在《蜀志》和《吴志》中为他们立传。与之相应，在《魏志》中，对于刘备称帝、孙权登基之事皆不记叙，而在《蜀志》和《吴志》中，对于君王即位，则记明魏之年号，这就表明，虽说陈寿承认"正朔有三",但也显示出"正统在魏"。立魏为正统,应该说其道理最为充分。姑且不言曹魏承汉立国最早,且其所占地域在三国之中最为广大,更重要的是它在系年上上接东汉下连西晋,汉禅魏、魏禅晋,一线穿连,使汉——魏——晋这条历史发展主轴线毫无间断。所以陈寿以曹魏政权的系年作为整部《三国志》之纲,以之统摄三个独立政权自汉末至晋初这一历史发展阶段的种种事件和活动,有如一线穿珠,颗粒无遗,使人明晰可见三国鼎立的发端、形成、发展及结束的全过程。

陈寿在西晋政权下撰作《三国志》以魏为正统,既尊重历史事实,又照应政治需要。但他毕竟出身于蜀地且仕蜀汉政权多年,故在思想感情上仍然"身在曹营心在汉",比较倾向于蜀。更发人深思的是,在记叙曹丕受禅时,群臣颂功德、上符瑞者先后动辄百余人,陈寿均不予记载,反之当蜀汉先主刘备在武担登基称帝时,对其群臣请封之辞、劝进之表、告祀之文,陈寿却大书特书。而称帝即位即标帜着一个国家政权的正式确立,由此可见陈寿的用心。

《三国志》，合读为一部完整的断代史，分读则为三部正史化的地方史。这一特点在二十四史中是绝无仅有的。

由于《三国志》分别为三国国别史，在资料的处理上，尤其对各书人物思想观点及有关称谓评述的记叙，自然难免矛盾冲突。对此陈寿采用了"分据各国史料实录国别史"的编纂方法，尽力跳出三国各自政治立场的圈圈，让历史事实说话，各是其所是、非其所非，故在撰作三志时实录各国原有史料的内容和语气。这样，写到哪一志时，即以这一政权的政治观点来叙评其他两国所发生的种种事情。如在《魏志》中，以蜀、魏之间的战争，则记作"蜀寇魏"、"魏伐蜀"；在《吴志》中，对魏、吴之间的争斗，则记作"吴讨魏"、"魏侵吴"等。依此同理，在各志中对所述政权的种种事件，就其政治观点在笔法上稍显隐晦，但于整部书中其他处录实补充。如对汉献帝位于魏文帝，《魏志》记为"汉帝以众望在魏"，于是召集公卿百官"告祠高庙""禅位"于魏王，而在《蜀志》、《吴志》二书中，对此篡逆事件，一再加以挞伐，其声讨曹氏凶奸篡盗之

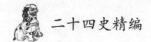

辞比比可见。再如三国之间的战争，陈寿于失败一方记叙较简略，而于得胜一方着笔较详尽。拿最为著名的战例赤壁之战来说，曹魏大败而退，故《魏志》关于这场战争记叙较简；吴、蜀联军取得大捷，故《蜀志》、《吴志》有关传记叙述较为详备，尤其作为联军主力的孙吴军队，对其作战过程及其取胜情状，则大书特书。所有这些，一方面加强了各割据政权国别史的独立性，另一方面又要求人们在阅读《三国志》时，必须综合分析三志中的史料真情，这种"事每互见"又加强了三志的内在联系，使其有机地融为一体。

三

三国时期是一个政局动荡不安的时代，是一个乱世。而乱世出英雄，故此三国又是一个人才辈出、英雄并起的时代。陈寿的《三国志》只有纪、传，专重这一时期人物及其活动的记载。全书共记载了四百三十七人的传记。对于这多人物，陈寿以帝王为纲、臣僚为目，以政治人物为先，其他人才为次。与此同时，还照

顾到各个人物在历史舞台上出现的时序。因此，整部《三国志》的人物传记的安排，是以类合传、依时排列。

在以类合传方面，除了《蜀志》中"刘二牧传"及《吴志》中"刘繇太史慈士燮传"外，一概以帝王（包括创业者如孙坚、孙策）、后妃、宗室、文臣、武将、忠良、清名、文学、术数等来分定人物，将同类人物合为一传。如在《蜀志》中，"关（羽）张（飞）马（超）黄（忠）赵（云）传"即为武将，"许（靖）糜（竺）孙（乾）简（雍）伊（籍）秦（宓）传"即为文臣。再如《吴志》中，"吴（范）刘（惇）赵（达）传"即为术数，"王（蕃）楼（玄）贺（邵）韦（曜）华（核）传"即为文学。

在以类合传时，还注意按人物活动的时间先后列其次序。拿《吴志》为例，周瑜、鲁肃、吕蒙、陆逊应划为一类，但周、鲁、吕三人为孙吴政权的开国元勋，故合传在前，而陆逊乃后起中坚，故单独作传在后。此外，从陈寿对人物的分类安排上，还可以看出他突出政谋人物，对军事人物稍加看轻。如在《魏志》中，曹操的谋臣"程（昱）郭（嘉）董（昭）刘（晔）蒋（济）刘（放）传"在前，而其虎将"张（辽）乐（进）于（禁）张（郃）徐（晃）传"在后。再如《吴志》，于孙吴政权的建立其军功甚大的程普等人，即安排在张昭、顾雍等政治人物之后。

以类合传、依时排列，既隐含了陈寿对历史人物的论断，也易于让世人从中取得极有价值的鉴益。对于前者，以《魏志》中对曹操的谋臣分类为例。陈寿将曹操的一批重要谋臣如荀彧、荀攸、贾诩、程昱、郭嘉、董昭、刘晔、蒋济等人，分作两传来写，即荀彧、荀攸、贾诩合为一传，其他人另合一传。之所以如此划分，是因为二荀、贾诩同于"清治德业"，至于程昱等，则"筹画所料是其伦也"。在对待曹操倾移汉祚的态度上，荀彧叔侄不以为然，荀彧甚至因有所反对而被曹操逼死，贾诩更是倾力维护汉室、营救献帝，只是在汉家天下大势已去不得已才转变态度，反之，程昱等人从一开始即追随曹操图谋汉家天下，是曹操的铁杆保"皇"派。对于后者，以《蜀志》中对刘封、彭羕、廖立、李严、刘琰、魏延、杨仪等人合传为例。虽说这七个人的经历各不相同，但有一个最为显著的共同之处，即自取祸患不得善终。试看陈寿对他们的论评："刘封处嫌疑之地，而思防不足以自卫。彭羕、廖立以才拔进，李严以干局达，魏延以勇略任，杨仪以当官显，刘琰旧仕，并咸贵重。览其举措，迹其规矩，招祸取咎，无不自己也。"如此分类，确实用心良苦，读史明智，也许正源于此。智，岂为虚言?!

四

当然陈寿的《三国志》仍有其不足一面，其主要表现在以下几个方面

（一）陈寿的《三国志》，是在封建正统史观指导下写成的。为了强调这种正统，他在书中运用了阴阳和五行学说，将朝代的嬗替、皇位的禅让，看作是天意所定，即"五德相生受命"。这种"五德相生"，其运转轮回的次序为"木生火，火生土，土生金，金生水，水生木"，如此往返，循环无穷。他继承了前人"汉为火德"的观念，认为汉代气数已尽，代之者必为土德。

故此三雄代汉，是以土德替取火德。为了说明这种"历史的必然"，他在《三国志》中运用了大量的土德资料，来显示魏、蜀、吴出现在历史上的合理性。现以魏、蜀、吴三主称帝为例，以见其宣扬天下感应和天命论思想之一斑：在《魏志·文帝纪》中，写曹丕称帝，即言"黄龙见谯"。黄，显示土德；谯，曹氏故乡。借此说明曹魏替代刘汉乃天意所定。在《蜀志·先主传》中，写刘备称帝，即言"西南数有黄气，直立数丈"。在《吴志·吴主传》中，写孙权称帝，即言"黄龙、凤凰见"，并且孙权即位之后干脆以"黄龙"为其年号。除此等外，陈寿还屡屡以童谣、占候、预言、测字等资料预兆着重大事件的发生。所有这些，反映出了《三国志》消极的一面。

（二）该书的不足之二，应是它作为一部"正史"在体例上的欠阙。如前所述，《三国志》只有纪、传而无表、志。这就造成了典章制度没有专篇叙述，并且因纪、传对此等内容往往语焉不详，故难让人对这一时期的制度革变形成完整的概念，这就给后人研究这一时期的有关内容带来了殊困。古人认为，"史之所难，无出于志"（《史通·正史篇》），可能陈寿因为资料收集的不全，故此没有作志。话又说回来，这种"不妄作"的态度还是有值得肯定之处！

（三）《三国志》中有不少疏漏之处。《三国志》虽说同时写着三个并立政权的历史事件，由于作者做到详主略次、文字简洁，故在叙事时并无重复。应该说这是《三国志》的优点之一。但也正是在这种简略之中存在着一定的脱漏，有些还是极其重要的人物和事件。拿人物来说，重要者如与华佗齐名且同时的名医张仲景、当时科学家马钧、著名书法家钟繇等人，《三国志》不着一字。再如魏晋间重要的政治人物桓范、何晏等，《三国志》也未为他们立传。拿事件来说，重要者如关系到人事制度的曹操三下求贤令、关系到赋税制度的曹操打击河北豪强令、关系到屯田制度的曹操"置屯田令"等，陈寿一概从略。如果不是裴松之在为其书作注时——加入，则如此重大的制度变革和历史变故，后人可能就不得而知了。此外，《三国志》对于当时的少数民族，除东北地区的乌丸、鲜卑、东夷有传上，其他如西部的氐、羌诸族、西域诸国，以及活跃在孙吴境内的山越、蜀汉境内的南中诸族，都没有独立作传成篇。所有这些因略而漏的情况，不能不说是《三国志》的又一缺陷。

（四）《三国志》在文采上稍有不足，以至历史人物的描写生动传神不够。在文采方面，"前四史"以《三国志》为逊。

尽管有以上几点不足之处，陈寿仍不失为"良史"，其书仍不愧为"实录"。《三国志》自撰出后，受到历代研习者的赞誉。陈寿之世，当时诸家叙三国史事之书，自《三国志》行世而渐至湮没无闻。陈寿去世后，晋梁州大中正、尚书郎范頵等人，上表向朝廷推荐《三国志》说："陈寿作《三国志》，辞多劝诫，明乎得失，有益风化，虽文艳不若（司马）相如，而质直过之。"（《晋书·陈寿传》）北魏人崔浩认为陈寿撰作《三国志》，"有古良史之风，其所著述，文义典正，皆扬于王庭之言，微而显，婉而成章。自班（固）、史（迁）以来，无及寿者"（《魏书·毛修之传》）。而南朝梁人刘勰，在其《文心雕龙·史传》篇中则说："及魏代三雄，记、传互出，《阳秋》《魏略》之属，《江表》、《吴录》之类，或激抗难征，或疏阔寡要，惟陈寿《三志》，文质辨洽，荀、张比之迁、固，非妄誉也。"南宋"为文藻思英文"的叶适，更进而认为陈寿"笔高处逼司马迁，方之班固，倡少文义缘饰尔，要终胜固也"（叶适《习学纪言序目·蜀志》）。至清代，著名史学家钱大昕则作如是论评："予性喜史学，司、班而外，即推此书，以为过于范（晔）、欧阳（修）。"（《潜研堂集·三国志辨疑序》）从前人的种种评述中，可见《三国志》的写作成就及其史学价值。

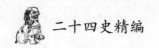

政　略

董卓乱天下

　　董卓之入洛阳（贾）诩以太尉掾为平津①都尉，迁讨虏校尉。卓峤中郎将牛辅屯陕②，诩在辅军。卓败，辅又死，众恐惧，校尉李傕、郭汜、张济等欲解散，间行归乡里。诩曰："闻长安中议欲尽诛凉州人，而诸君弃众单行，即一亭长能束君矣。不如率众而西，所在收兵，以攻长安，为董公报仇，幸而事济，奉国家以征天下；若不济，走未后也。"众以为然。傕乃西攻长安。语在卓传。后诩为左冯翊，傕等欲以功侯之，诩曰："此救命之计，何功之有！"固辞不受。……

　　　　　　　　　　　　　（《三国志·魏书·贾诩传》）

【注释】

　　①平津：古津渡名，又名关名。因地处小平县而得名。一

名河阳津。故址在今河南巩县西北的黄河上，为古代黄河的重要渡口。②陕：县名，汉置，三国魏同。故治在今河南三门峡市西郊附近。

【译文】

董卓入洛阳，贾诩以太尉属官的身份任平津都尉，后来升任讨虏校尉。董卓的女婿中郎将牛辅驻军陕县，这时贾诩在牛辅的部队里任职。董卓失败，牛辅又死，部队恐惧，校尉李傕、郭汜、张济等人打算把部队解散，走小路回家。贾诩说：听说长安城里有人想杀尽凉州人，而你们丢掉部队单独行动，就是一个亭长也能把你们捆起来啊！不如率领部队往西去，所到之处收集士兵，用他们攻打长安，为董公报仇，如侥幸成功，尊奉朝廷来征服天下；如果不成功，那时逃跑也不晚呢。"大家认为不错。李傕于是向西攻打长安。这件事记载在《董卓传》里。后来贾诩任左冯诩，李傕等人想根据他的功劳封他为侯，贾诩说："这是一个救命的计策，哪有什么功劳！"坚决推让不接受。

董昭献计

太祖朝天子于洛阳，引昭并坐，问曰："今孤来此，当施何计？"昭曰："将军兴义兵以诛暴乱，入朝天子，辅翼王室，此五伯①之功也。此下诸将，人殊意异，未必服从，今留匡弼②，事势不便，惟有移驾幸许耳。然朝廷播越③，新还旧京，远近跂望④，冀一朝获安⑤，今复徙驾，不厌⑥众心。夫行非常之事，乃有非常之功，愿将军算其多者。"太祖曰："此孤本志也。杨奉近在梁⑦耳，闻其兵精，得无为孤累乎？"昭曰："奉少党援，将独委质⑧。镇东、费亭之事，皆奉所定，又闻书命申束⑨，足以见信。宜时遣使厚遗答谢，以安其意。说："京都无粮，欲车驾暂幸鲁阳，鲁阳近许，转运稍易，可无遗乏⑩之忧。奉为人勇而寡虑，必不见疑，比使往来，足以定计。奉何能为累！"太祖曰："善。"即遣使诣奉，徙大驾至许。奉由是失望，与韩暹等到定陵钞暴⑪。太祖不应，密往攻其梁营，降诛即定。奉、暹失众，东降表术。三年，昭迁河南尹⑫。时张杨为其将杨丑所杀，杨长史薛洪，河内太守缪尚城守待绍救。太祖令昭单身入城，告喻洪、尚等，即日举众降。以昭为冀州牧。

（《三国志·魏书·董昭传》）

【注释】

①五伯：即五霸。春秋时实力最强的五个诸侯国。一般认为是齐桓公、晋文公、秦穆公、宋襄公、楚庄王。②匡弼：辅佐。③播越：流亡。④跂望：举足翘望。⑤获安：得到安定。⑥厌：满足；服从。⑦梁：县名。在今河南省临汝县西，当时杨奉率军驻扎于此。⑧委质：即委贽。委，委付。贽，初见尊长时所送的礼品。古人初次相见，执贽以为礼。⑨申束：一再表明。⑩县乏：县，同"悬"。县乏即匮乏，缺少。⑪定陵：县名，在今河南省叶县西。钞暴：劫掠、滋扰。⑫河南尹：官名。东汉建都洛阳，以河南为尹，掌京师。

【译文】

曹操在洛阳要朝见汉献帝，把董昭拉在一起同坐，问董昭："现在我来这里，应当用什么计谋？"董昭说："您兴义兵以诛暴乱，入朝拜见天子，辅佐王室，功劳可比五伯。这里的将军，各人情况不同，意见也不一样，不一定会听从您的命令。现在留下来辅佐皇帝，形势不利，只有把天子移到许昌去，就好多了。但朝廷流徙，刚刚返回洛阳，大家都翘首以待，希望迅速安定。现在再次迁都，不符合大家的心意。然而只有从事非常的事情，才会有非常的功劳。希望您考虑利弊。"曹操说："这

189

本意也是如此。杨奉就在附近的梁地，听说他的军队训练有素，会不会成为我的障碍呢？"董昭回答说："杨奉缺乏同党的援助，将独来进见。您封为镇东将军和承袭费亭侯这件事，都是杨奉定的。又有书命约束，足以相信。适当的时候，派遣使者送份厚礼感谢他，安定他的思想。说'京都没有粮食，想护卫献帝去鲁阳。鲁阳临近许昌，运输比较容易，可以减除粮食匮乏之忧。'杨奉为人有勇无谋，一定不会怀疑。等到使者返回就可以确定迁都的计划，杨奉怎么能成为将军的障碍呢？"曹操说："很好。"就派使者拜访杨奉。把献帝迁到了许昌。杨奉因此而感失望，与韩暹等人到定陵劫掠献帝，曹操不理，却秘密率军攻击杨奉在梁的营地，降的降，杀的杀，很快地平定了。杨奉、韩暹失掉了部队，往东投降了袁术。建安三年，董昭升任河南尹。当时张杨为他的部将杨丑杀害。张杨的长史薛洪、河内太守缪尚守城等待袁绍的援救。曹操命令董昭一个人进城，告喻薛洪、缪尚等人，当天就率众投降曹操。董昭被任命为冀州牧。

御 人

古之大教　在通人情

和洽字阳士，汝南西平人也。举孝廉，大将军辟①，皆不就。袁绍在冀州，遣使迎汝南士大夫。洽独以"冀州土平民强，英桀所利，四战之地。本初乘资②，虽能强大，然雄豪方起，全未可必也。荆州刘表无他远志，爱人乐土，土地险阻，山夷民弱，易依倚也"。遂与亲旧俱南从表，表以上客待之。洽曰："所以不从本初，辟③争地也。昏世之主，不可黩近④，久而阽危⑤，必有谗慝间其中者⑥，遂南度武陵。

太祖定荆州，辟为丞相掾属⑦。时毛玠、崔琰并以忠清干事⑧，其选用先尚俭节⑨。洽言曰："天下大器⑩，在位与人，不可以一节俭⑪也。俭素过中⑫，自以处身则可，以此节格物⑬，所失或多。今朝廷之议，吏

191

有著新衣、乘好车者，谓之不清；长吏过营^⑭，形容不饰，衣裘敝坏者，谓之廉洁。至令士大夫故污辱其衣，藏其舆服^⑮；朝府大吏，或自挈壶餐以入官寺^⑯。夫立教观俗，贵处中庸，为可继也。今崇一概难堪之行以检殊涂^⑰，勉而为之，必有疲瘁^⑱。古之大教，务^⑲在通人情而已。凡激诡^⑳之行，则容隐伪矣。

（《三国志·魏书·和洽传》）

【注释】

①辟：征召。②乘资：利用，借助。资，借。③辟，"避"的古字。④黩近：轻易接近。黩，轻慢。⑤阽危：危险。⑥"谗慝"句：爱说坏话挑拨离间的小人。间：离间。⑦丞相掾属：丞相自己征召的协助办理具体事务的属官。正的叫掾，副的叫属，通称掾属。⑧"毛玠"句：毛玠、崔琰，人名，士族首领，曹操的重要谋士。忠清：忠直清廉。⑨先尚：首先重视。节，节操、品格。⑩大器：宝器，比喻治国的根本。⑪俭：同检，约束，要求。⑫过中：超过正常标准。⑬格物：纠正事物。⑭长吏过营：俸禄高的官吏。汉以秩二百石以上为长吏，大致为县令以上的官。营：治所。⑮舆服：车子与衣服。古代乘车、衣冠都有规定，以表明等级。⑯官寺：官署。⑰殊涂：不同的

道路。比喻不同的方式方法。⑱疲瘁：弊病。⑲务：努力做到。
⑳激诡：过激而离奇。

【译文】

和洽字阳士，汝南郡西平县人。被推举为孝廉，大将军征
召，却不应。袁绍在冀州，派使者迎接汝南郡的士大夫，和洽
独认为"冀州土地平坦，人民强悍，对英雄豪杰有利，是四方
争战之地。袁本初借助它，即使能强大起来，然而英雄豪杰正
在兴起，能否保全，就说不准了。荆州的刘表，无远大的志向，
爱护人民，喜欢才智之士。地势险要，山平民弱，容易依靠。"
于是和洽与亲戚故旧一起到南方随从刘表，刘表用上客之礼对
待他。和洽说："我所以不跟随袁本初，是为了躲避争战之地。
刘表这样不明时势的主子，不可太亲近了，否则时间一久，就
有危险。一定有邪恶的小人从中挑拨离间。"因此就南迁到武
陵郡。

太祖平定荆州后，征召和洽为丞相掾属。当时毛玠、崔琰
都凭忠直清廉治事，他们选用人才首先重视节俭的品德。和洽
进言说："治国之本，在于根据职位选拔人才，不能拿节俭这
个标准衡量一切。过分节俭，自己要求自己还可以，如果拿这
个规范一切事物，失误恐怕很多。现在朝廷有这样的议论，官
员中有穿新衣、乘好车的人，就说他们不清廉；大官们到治所

来，不讲究仪表，衣服皮袍破旧的人，就认为他们廉洁。以致士大夫们故意弄脏自己的衣服，隐藏他们的官服、车子；朝廷和丞相府的大官们，有的自己提着酒食到官署来。建立教化和观察社会风气，贵在恰到好处，为了便于继承和延续下去。现在推崇一种难为人人接受的行为准则，要求各种各样的人遵守，如果勉强推行下去，一定会出现弊端。古代的大教，着重在通人情。凡是过激而离奇的行为，里面常常包藏着虚伪。"

徐邈嗜酒　名见青史

徐邈字景山，燕国蓟人也①。太祖平河朔②，召为丞相军谋掾③，试守奉高令④，入为东曹议令史。魏国初建，为尚书郎。时科⑤禁酒，而邈私饮至沈醉。校事赵达问以曹事⑥，邈曰："中圣人⑦。达白之太祖，太祖甚怒。度辽将军鲜于辅⑧进曰："平日醉客谓酒清者为圣人，浊者为贤人，邈性修慎，偶醉言耳。"竟坐⑨得免刑。后领陇西太守⑩，转为南安⑪。文帝⑫践阼，历谯相⑬，平阳、安平太守⑭，颍川典农中郎将，所在著称⑮，赐爵关内侯⑯。车驾⑰幸许昌，问邈曰："颇复中圣人不⑱？邈对曰："昔子反毙于谷阳⑲，御叔罚于饮

酒⑳，臣嗜同二子，不能自惩㉑，时复中之。然宿瘤以丑见传㉒，而臣以醉见识㉓。"帝大笑，顾左右曰："名不虚立。"迁抚军大将军军师㉔。

（《三国志·魏书·徐邈传》）

【注释】

①燕国：郡，国名。②河朔：古时泛指黄河以北地区。③丞相军谋掾：官名。④试守：试用。奉高：县名，在今山东泰安县东。令，县令。一县的最高行政长官。⑤科：法令条规。⑥校事赵达问以曹事：校事，官名。也作校官、校曹。曹操任汉丞相时置。是皇帝或执政的耳目。曹：古时分职治事的官署或部门。曹魏时尚书台分为五曹。⑦中（zhòng）圣人：指喝醉了酒。圣人，指酒。⑧度辽将军鲜于辅：度辽将军，官名。曹魏将军名号，官三品。鲜于辅：人名。鲜于，复姓。原为汉末幽州牧刘虞部将，后率部降曹操。⑨坐：因而。⑩领：领，兼任。⑪转为南安：转，调任。南安：郡名。东汉中平五年分汉阳郡置。治所在今甘肃省陇西县渭水西岸。⑫文帝：即曹丕。⑬谯相：谯国之相。曹魏时，诸国各置相一人，职如太守。⑭平阳、安平：平阳，郡名。治所在今山西省临汾市西南。安平：郡、国名。治所在信都，今河北省冀县。⑮称：颂扬。⑯关内

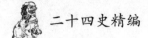

侯：爵位名。一般封有食邑多少户，有按规定户数收取租税的权利。秦汉时置，曹魏沿之。⑰车驾：帝王的代称。此指曹丕。⑱不：通"否"。⑲子反毙于谷阳：春秋时晋楚战于鄢陵，楚王召子反谋划，子反因饮了谷阳所上之酒而醉不能往，楚军因而打了败仗。子反因此而引罪自杀。子反：楚国大臣。谷阳：即谷阳竖，子反的仆人。⑳御叔罚于饮酒：御叔是鲁国大夫。臧武仲出使晋国，经过御叔封地顺便拜访他，他却自顾饮酒，并说了一些不好听的话，因此，他被罚出加倍的贡赋。㉑自惩：自己警戒。㉒宿瘤以丑见传：相传宿瘤是齐国采桑女，颈上生了个大瘤，因号宿瘤。齐闵王认为她有德，迎立为后。㉓见识：被记得。识，通"志"。㉔抚军大将军军师：抚军大将军，官名。魏文帝曹丕置。军师：官名。二品以上将军均置军师一人，官五品，职参军机。

【译文】

徐邈字景山，燕国蓟县人。太祖平定黄河以北地区之后，召他担任丞相军谋掾，试用奉高县令，后来又调任为东曹议令史。魏王国建立之初，任尚书郎。当时禁止饮酒，而徐邈却喝得大醉。校事赵达向他询问曹事，徐邈回答说："中圣人。"赵达报告了太祖，太祖大为震怒。度辽将军鲜于辅为之解脱说："平日醉酒的人把清亮的酒叫做圣人，浑浊的酒称贤人，徐邈为人谨慎端正，这次是喝多了说酒话。"徐邈因此免受刑罚。后来，徐邈兼任陇西太守，又调任南安太守。曹丕当了皇帝后，他历任谯国相，平阳、安平太守，颍川典农中郎将，政绩很好，名声显著，被赐爵关内侯。文帝巡视许昌，问徐邈说："还再中圣人否？"徐邈回答说："从前子反因为喝了谷阳献的酒误了大事而自杀身死，御叔饮酒而受到处罚，我爱酒和这两个人相同，不能自己约束自己，时常还是要喝一点。然而宿瘤因为长得丑陋而见诸史传，我则因为喝醉了而被皇上记得。"文帝哈哈大笑起来，环顾左右侍臣，说："真是名不虚传。"调徐邈为抚军大将军军师。

曹操论事

安定太守母丘兴将之官，公戒之曰："羌、胡欲与中国通，自当遣人来，慎勿遣人往。善人难得，必将教羌、胡有所请求，因欲以自利；不从，便为失异俗意，从之，则无益事。"兴至，遣校尉范陵至羌中，陵果教羌，使自请为属国都尉。公曰："吾预知当尔，非圣也，但更①事多耳。"

（《三国志·魏书·武帝纪》）

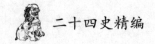

【注释】

①更：经历。

【译文】

安定太守母丘兴将要赴任，曹操告诫他说："羌人、胡人想和我们来往，自然应该让他们派人来，切记不要派人去。好人难得；不好的人势必教唆羌、胡人提出不合理的要求，以便从中自己谋利。我们不答应，便使他们失望；而如果答应，就对我们不利。"母丘兴到达安定，派校尉范陵去羌人那里，范陵果然教唆羌人，叫他们请求让他当属国都尉。曹操说："我预料一定会这样的，我不是圣人，只是经历的事多点罢了。"

法　制

王修执法与为人

王修字叔治，北海①营陵人也。年七岁丧母。母以社日②亡，来岁邻里社，修感念母，哀甚。邻里闻之，为之氏社。年二十，游学南阳，止张奉舍。奉举家得疾病，无相视者，修亲隐③恤④之，病愈乃去。初平中，北海孔融召以为主簿⑤，守高密⑥令。高密孙氏素豪侠，人客数犯法。民有相劫者，贼入孙氏，吏不能执⑦。修将吏民围之，孙氏拒守，吏民畏惮不敢近。修令吏民："敢有不攻者与同罪。"孙民惧，乃出贼。由是豪强慑服。举孝廉⑧，修让邴原，融不听。时天下乱，遂不行。顷之，郡中有反者。修闻融有难，夜往奔融。贼初发，融谓左右曰："能冒难来，唯王修耳！"言终而修至。复署功曹。时胶东⑨多贼寇，复令修守胶东令。胶

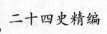

东人公沙卢宗强[10]，自为营堑，不肯应发调。修独将数骑径入其门，斩卢兄弟，公沙氏惊愕莫敢动。修抚慰其余，由是寇少[11]止。融每有难，修虽休归在家，无不至。融常赖修以免。

袁谭在青州[12]，辟修为治中从事[13]，别驾刘献数毁短修。后献以事当死，修理之，得免。时人益以此多焉。……

（《三国志·魏书·王修传》）

【注释】

①北海：郡国名。治所在营陵（今山东省昌乐县东南）。②社日：古代祭祀土神的日子。③隐：怜悯。④恤：救助。⑤主簿：官名。汉代中央及郡县官署均置此职，主管文书，办理日常事务。⑥守高密：守，代理官职。高密，县名，在今山东省高密县西南。⑦执：捉拿。⑧孝廉：汉代选举科目之一，孝廉即孝顺廉洁的人。⑨胶东：国名。治所在即墨（今山东省平度县东南）。⑩宗强：宗族豪强。⑪少：稍稍。⑫青州：州名。汉武帝所置十三刺史部之一。治所在临菑（今山东省淄博市临淄北）。⑬治中从事：官名。为州刺史助理。

【译文】

王修字叔治，北海郡营陵县人。七岁时丧母。是社日那天死的。第二年社日，邻里祭祀土神，王修怀念母亲，十分悲痛。邻里人听到他哀泣之声，便停止了祭祀。王修二十岁时，到南阳游学，在张奉家住。张奉全家得病没有人去看望。王修怜悯他们，侍候他们，等到他们的病好了才离开。初平年间，北海国孔融征召他担任主簿，代理高密县县长。高密县孙氏向来横行县里，他的族人家客经常犯法。百姓有被抢劫的，盗贼跑到孙氏家中，官吏不敢进入孙家逮捕。王修带了官吏百姓包围了孙家，孙氏抗拒坚守，官吏和百姓害怕，不敢前去。王修命令官吏百姓："胆敢不攻打的与盗贼同样治罪。"孙氏害怕了，于是把盗贼放了出来。从此地方上横行霸道的有所畏惧屈服了。王修被荐举为孝廉，他让给邴原，孔融不同意。这时天下动乱，王修没有到任。不久，郡里有造反的。王修听到孔融有难，连夜奔往孔融。盗贼刚刚发作时，孔融对左右的人说："能够冒险而来助我的，只有王修。"话刚刚说完，王修就来了。王修再次代理功曹。当时胶东的盗贼匪徒很多，又命令王修代理胶东县令。胶东人公沙卢宗族强大，自己修建了营垒壕沟，不服从政府的派遣和交纳赋税。王修独自率领几名骑士直入公沙卢家，杀了公沙卢的兄弟，公沙家族的人惊得目瞪口呆，不敢动。

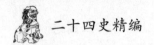

王修安抚慰问其余的人，从此盗贼的危害，才稍稍制止。孔融每次遇到祸患，王修即使在家休假，也从没有不去救助他的。孔融常靠王修之力而得以免除祸患。

袁谭在青州时，征召王修为治中从事，别驾刘献多次诋毁贬低王修。后来刘献因事应当判死刑，王修办理这件案子，刘献得以免于死罪。当时的人因此更加称赞王修的为人。

人能有改 乃至于斯

国中有盗牛者，牛主得之。盗者说："我邂逅迷惑，从今已后将为改过，子既已赦宥，幸无使王烈闻之。"人有以告烈者，烈以布一端①遗之。或问："此人既为盗，畏君闻之，反与之布，何也?"烈曰："昔秦穆公②，人盗其骏马食之，乃赐之酒。盗者不爱其死，以救穆公之难。今此盗人能悔其过，惧吾闻之，是知耻恶。知耻恶，则善心将生，故与布劝为善也。"闲年③之中，行路老父担重，人代担行数十里，欲至家，置而去，问姓名，不以告。顷之，老父复行，失剑于路，有人行而遇之，欲置而去。惧后人得之，剑主于是永失；欲取而购募，或恐差错，遂守之。至暮，剑主还见之，前者代担人也。老父揽④其袂，问曰："子前者代吾担，不得姓名，今子复守吾剑于路，未有若子之仁，请子告吾姓名，吾将以告王烈。"乃语之而去。老父以告烈，烈曰："世有仁人，吾未之见。"遂使人推之，乃昔时盗牛人也。烈叹曰："韶乐九成，虞宾以和，人能有感，乃至于斯也！"遂使国人表其闾而异之。

（《三国志·魏书》裴注引《先贤行状》）

【注释】

①端：古布帛长度名。绢曰匹，布曰端。古绢以四丈为一匹，布以六丈为一端。唐以四丈为匹，六丈为端。②秦穆公：（公元前？—前621年）春秋时秦国之君。嬴姓，名任好。③闲年：隔年。④揽（lǎn）：执，举。

【译文】

国内有个偷牛的，被牛主捕得，偷牛贼说："我一时糊涂，从今以后洗手不干了，您既然原谅了我，请不要让王烈知道。"有人告诉了王烈，王烈拿了六丈布给了偷牛贼。有人问："这个人既然做了贼，怕您知道，您反而给布，为什么呢？"王烈说："从前秦穆公的骏马，被人盗去吃了，秦穆公还赐给盗马的酒喝。后来盗马的不惜拚命救了秦穆公的危难。现在这个偷牛贼，能够悔过，怕我知道，这是晓得做坏事可耻，知可耻，做好事的思想就有了，所以给他布以劝他从善啊。"隔了一年，一个老父挑着重担子走路，有个人代他挑行数十里，快到家了，那人把担子放下就走了，问他的名字，不说。不久，这个老父又在路上走，把剑丢了。有个人看见了，心想不顾而去，但又想，后来的人得了，剑会永远丢失了，拿着去找失主，又担心有错领的情况，于是就守在那里。到了夕阳下山的时候，失主返回来见了他，原来是前年代他挑担的那个人。老父扯着那个人的袖子说："你从前代我挑担，不知道你的姓名，现在你又在路上守着我丢失的剑，没有遇到过你这样的好人，请你告诉我你的姓名，我将告诉王烈。"那个人告诉他就走了。老父把这个情况告诉了王烈，王烈说："世界上有这么好的人，我还没有见过面。"于是派人寻访，原来是从前那个偷牛的人呢。王烈叹息说："韶乐九成，虞宾以和，人能有感，竟到了这个地步呀！"就使国人表扬他的乡里，敬重他的善行。

军　事

锦囊妙计　敌至乃发

太祖既征孙权还，使辽与乐进、李典等将七千余人屯合肥。太祖征张鲁，教^①与护军薛悌，署^②函边曰："贼至乃发。"俄而权率十万众围合肥，乃共发教，教曰："若孙权至者，张、李将军出战；乐将军守，护军勿得与战。"诸将皆疑。辽曰："公远征在外，比^③救至，彼破我必矣。是以教指及其未合逆击之^④，折其盛势，以安众心，然后可守也。成败之机，在此一战，诸君何疑？"李典亦与辽同。于是辽夜募敢从之士^⑤，得八百人，椎牛^⑥飨将士，明日大战。平旦^⑦，辽披甲执戟，先登^⑧陷陈，杀数十人，斩二将，大呼自名，冲垒入^⑨，至权麾下^⑩。权大惊，众不知所为，走登高冢^⑪，以长戟自守。辽叱权下战^⑫，权不敢动，望见辽所将众

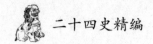

少，乃聚围辽数重。辽左右麾围⑬，直前急击⑭，围开，辽将麾下数十人得出，余众号呼曰："将军弃我乎！"辽复突围，拔⑮出余众。权人马皆披靡⑯，无敢当者。自旦战至日中，吴人夺气⑰，还修守备，众心乃安，诸将咸服。权守合肥十余日，城不可拔，乃引退。辽率诸军追杀，几复获权。太祖大壮辽，拜征东将军。……

（《三国志·魏书·张辽传》）

【注释】

①教：文体的一种，为上对下的命令。②署：题名；题字。③比：及；等到。④教指：教的意思。指，同旨。未合：指孙权部队还没有形成包围。逆击：迎战。⑤敢从之士，敢于跟张辽出击的勇士。⑥椎牛：杀牛。⑦平旦：天明时。⑧先登：冲在最前面。⑨冲垒入：冲开敌人营垒进入。⑩麾下：谓将旗之下。此处指孙权所在军营。⑪高冢：高土堆。⑫叱权下战：叱呼孙权下来决战。⑬左右麾围：左右指挥突围。⑭直前急击：迅速向前猛烈攻击。⑮拔：救出。⑯披靡：溃散。⑰夺气：丧失勇气。

【译文】

曹操征讨孙权回来之后，派张辽和乐进、李典等率七千余

206

人驻扎合肥。曹操征讨张鲁，下令给护军薛悌，在信封上写道："敌人来了，再打开。"不久，孙权率军十万包围合肥，于是大家一起把密封的命令打开，命令说："如果孙权到来，张、李率军出战，乐率军守城，护军薛悌不得出战。"诸将都很疑惑。张辽说："曹公远征在外，等救兵赶到，敌军一定已经把我们打败了。所以命令我们趁敌军还没形成包围就迅速迎击，挫败敌人的锐气，以安定军心，这样才能坚守啊。成败的关键，就在这一战，你们有什么可疑惑的。"李典表示同意。于是张辽当晚就征募敢于跟他战斗的士卒，一共得 800 人，杀牛慰劳将士，第二天大战。天将亮，张辽披甲执戟，首先冲入敌阵，杀数十人，斩二将，大声呼喊自己的姓名，直冲入敌军营垒，达到孙权的指挥所。孙权大惊，大家不知如何是好，急忙登上一个高土堆，用长戟自卫。张辽呵叱孙权下来决战，孙权不敢动，望见张辽率领的部队不多，就集合部队层层包围张辽。张辽左右指挥突围，向前猛烈攻击，包围圈冲开了，张辽率领勇士数十人冲出，其余的士兵大声呼喊："将军抛弃我们吗?"张辽再次冲入包围圈，救出其余士卒。孙权的部队溃散，无敢阻挡的。从早上战斗到中午，吴军士气丧失了，张辽返回营地加修守备工事，军心安定，诸将都佩服张辽。孙权包围合肥十几天，无法攻克，就率军回去。张辽率各路军马追击，几乎把孙权捉了。曹操大大嘉奖张辽，任命他为征东将军。……

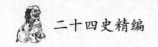

曹操反间破马超

是时关中诸将疑繇欲自袭，马超遂与韩遂、杨秋、李堪、成宜等叛。遣曹仁讨之。……韩遂请与公相见，公与遂父同岁孝廉①，又与遂同时侪辈，于是交马语移时，不及军事，但说京都旧故，拊手欢笑。既罢，超等问遂："公何言？"遂曰："无所言也。"超等疑之。他日，公又与遂书，多所点窜，如遂改定者；超等愈疑遂。公乃与克日会战，先以轻兵挑之，战良久，乃纵虎骑夹击，大破之，斩成宜、李堪等。遂、超等走凉州②，杨秋奔安定③，关中④平。诸将或问公曰："初，贼守潼关，渭北道缺，不从河东击冯翊而反守潼关，引日而后北渡，何也？"公曰："贼守潼关，若吾入河东⑤，贼必引守诸津，则西河⑥未可渡，吾故盛兵向潼关；贼悉众南守，西河之备虚，故二将得擅取西河，然后引军北渡，贼不能与吾争西河者，以有二将之军也。连车树栅，为甬道而南，既为不可胜，且以示弱。渡渭为坚垒，虏至不出，所以骄之也；故贼不为营垒而求割地。吾顺言许之，所以从其意，使自安而不为备，因蓄士卒之力一旦击之，所谓疾雷不及掩耳，兵之变化，固非一道也。"始，贼每一部到，公辄有喜色。贼破之后，诸将问其故。公答曰："关中长远，若贼各依险阻，征之，不一二年不可定也。今皆来集，其众虽多，莫相归服，军无适主，一举可灭，为功差易，吾是以喜。"

（《三国志·魏书·武帝纪》）

【注释】

①孝廉：汉代察举官吏的科目名。孝，指孝子；廉，指廉洁的官吏。汉武帝元光元年（公元前134年）初，令郡国举孝廉各一人，后合称孝廉。三国因之。②凉州：州名。西汉置。为汉武帝十三刺史部之一。辖境相当今甘肃、宁夏和青海湟水流域，陕西定边、吴旗、凤县、略阳等县。③安定：郡名。西汉元鼎三年（公元前114年）置。治所在今宁夏固原。辖境相当今甘肃泾川、宁县、崇信、平凉、镇原和宁夏泾源、隆德、固原、西吉等县。④关中：地区名。秦都咸阳，汉都长安，称函谷关以西为关中。或以为在秦岭以北范围，包括陇西、陕北等地。⑤河东：郡名。黄河在山西地作北南流向，战国、秦、汉时因指今山西西南部为河东；魏晋以后泛指山西全省。⑥西

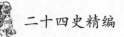

河：地区名。战国魏地。故地在今河南安阳一带。其时黄河流经安阳之东，西河意即河西。

【译文】

这时关中各将领怀疑钟繇要袭击自己，马超因与韩遂、杨秋、李堪、成宜等人反叛，曹操派曹仁去讨伐他们。……韩遂要求与曹操见面，曹操与韩遂的父亲是同年孝廉，又与韩遂为同辈人，曹操与韩遂并马交谈了很长一段时间，不说军事，只谈论在京都时的一些旧事，说到投机的时候，两人拍手大笑。会见以后，马超等人问韩遂："曹操说了些什么呢？"韩遂说："没说什么。"马超等就怀疑韩遂有不可告人之密。另一天，曹操又给韩遂写信，涂改的地方很多，像是韩遂改定的。马超等人对韩遂更加怀疑。曹操于是与马超约定日子会战，先用轻装步兵挑战，战了很久，才使用勇猛的骑兵夹击，大破敌军，杀了成宜、李堪等人。韩遂、马超跑到凉州，杨秋逃到安定，关中平定了。诸将中有人问曹操："以前，贼守潼关、渭北道缺，不从河东击冯翊而反守潼关，拖延时间而后北渡，这是为什么呢？""开始时，敌人据守潼关，如果我们进入河东，敌人一定会率领部队把守各个渡口，这样，我们就无法渡过西河了。所以我故意把大军开往潼关，敌人就会使用所有的兵力，把守南面，这样使得西河的防守空虚，这样徐晃、朱灵二将能集中力量夺取西河，然后带领部队北渡黄河，敌人不能与我们争夺西河，就是因为有二将的军队在那里啊。连结车辆，树立栅栏，修筑通道通往南方，这是既作好不可战胜的准备，也显示我军力量的薄弱，给敌人以假象。渡过谓水修筑坚固的壁垒，敌人来了我不出应战，是为了使他们骄傲，所以敌人不修筑壁垒而要求割地。我顺着他们答应了。我所以顺从是想稳住他们的思想，不作防备。而我们则积蓄力量，突然发起攻击，这就叫做迅雷不及掩耳。用兵的变化无穷，本来就没有一种固定的方法啊。"起先，敌人每有一支部队到来，曹操总是喜形于色。敌人被打败之后，将领们问这是为什么，曹操答道："关中土地辽阔，如果敌人各自据守险阻，我们征讨他们，没有一二年的时间是不能克敌制胜的。现在他们集聚到一起来，人马虽然多，但是各不相属，又无统一的主帅，一战就能消灭他们，比较容易取胜，他们集中到一起来，'送货上门'，我所以很高兴。"

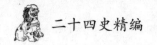

传世故事

司马懿使诈骗曹爽

魏明帝时，司马懿官居太尉，权倾朝野。明帝卧病不起，遗诏命他与曹爽共同辅佐少子齐王曹芳。

曹爽身为宗室，与明帝关系十分亲密，受封武卫将军。明帝临终又拜他为大将军，齐王即位，改封武安侯，食邑一万二千户，特别恩准他带剑着履上殿，"入朝不趋，赞拜不名"。但是，太尉司马懿乃三朝元老，年高德迈，且握有兵权，因此曹爽对他心怀畏惧，待他有如父辈，事事不敢独断专行。曹爽的心腹丁谧为其出谋画策，让其弟曹羲出面，表奏齐王封司马懿为太傅，实际上是以明升暗降之法剥夺司马懿的实权。齐王年幼无知，诏命"太尉为太傅"。曹爽又任其弟曹羲为中领军、曹训为武卫将军、曹彦为散骑常侍侍讲，其余诸弟也都以列侯的身份随身侍从，出入宫禁。明帝时受到压抑的何晏、邓飏、李胜、丁谧、毕轨等人，曹爽一律委以重任，视为心腹。自此，

曹爽得以专权，处理政事很少让司马懿参与。

司马懿为了避祸就称病不出，但暗中窥伺着曹爽的举动，准备东山再起。曹爽也并不放心司马懿的动静，李胜出任荆州刺史时，曹爽特地让他去面辞司马懿，借机察看一下这位元老是否真的染病。

司马懿接见了李胜。李胜客套道，自己没有什么功劳，却蒙恩回到本州任职，此次登门辞别，不料太傅垂恩接见，实属有幸。司马懿卧在床上，叫两个婢女侍侯在旁边，他伸手拿衣服，衣服却从哆哆嗦嗦的手上掉了下来；他又指着自己的嘴，意思是口渴，婢女送上粥，他拿杯的手直颤抖，粥都洒在了他胸口上。李胜见状，不禁流下了泪水，说道："如今陛下年龄尚幼，天下全仗太傅。众臣都以为太傅是旧病复发，哪里料到贵体衰弱到如此程度！"司马懿缓了几缓，好容易呼吸顺畅了一点儿，这才说道："我年纪大了，得了顽症，离死不远。您屈驾并州，并州接近胡地，好自为之，恐怕我们难再见面，叫人徒唤奈何！"李胜纠正道："我是回到本州任职，并不是并州。"司马懿仍装糊涂，还是说："您此番到并州，要努力自爱！"说话间前言不搭后语，好似连篇昏话。李胜再次解释道："我是忝还荆州，不是并州。"这回司马懿似乎明白了一点儿，说道："我到岁数了，神情恍惚，没听懂您的话。您此番还归本州任刺史，盛德壮烈，正好建功立业。现在该是与您相别的时候，我看自己气力渐衰，今后肯定无缘再会，因此想尽微力，设置薄酒，以叙生离死别之情。并让司马师、司马昭兄弟二人与您结交。请您不要离开他们，不要辜负在下的区区心意。"说着便流下眼泪，呜咽起来。李胜也跟着连声长叹，说道："我会听从太傅吩咐的，但要等待陛下敕命。"接着告辞离去。

李胜拜见曹爽，报告说："太傅说话颠三倒四，嘴巴对不准杯子，指南边为北边。还说我作并州刺史，我回答是还归为荆州刺史，不是并州。与他慢慢说，总算有认识人的时候，知道我是去作荆州刺史。他又想为我设酒送别。不能就此舍去，应该等着他饯别。"说着起了恻隐之心，流泪道："太傅病入膏肓，无可救药，令人怆然。"

曹爽信以为真。两月之后，他们兄弟几个都跟随齐王出城朝拜高平陵。司马懿见机会来到，便率兵占据了武库，扼住了洛水浮桥，然后矫皇太后之命，问罪曹爽兄弟。曹爽兄弟无能，束手就擒。

（《三国志·魏书·曹爽传》）

司马昭之心路人皆知

魏甘露五年（260），大将军司马昭又进位相国，封晋公，加九锡。魏帝高贵乡公曹髦（máo）见大权一天天地被司马氏夺去，特别气愤。一天，他叫来侍中王沈、尚书王经、散骑常侍王业，对他们说道："司马昭之心，路人皆知。我不能坐等被废之辱。今日我要亲自和你们去讨伐他。"王经劝阻道："从前鲁昭公忍受不了季氏，去讨伐他，结果弄得自己出逃失国，身受天下耻笑。当今大权归于司马氏之门，已经为时好久了。朝廷四方都为他拼死效力，根本不考虑逆顺之理，这也不是一天两天了。更何况陛下的兵微将少，陛下依靠什么去讨伐他？一旦动手，那还不是想除病患反而病患愈重了！大祸难测，还望陛下三思！"曹髦怒火难平，从怀中扯出黄素诏书，掷于地下，吼道："是可忍，孰不可忍！今日定当前去讨贼！"于是进入后宫去禀告太后。王沈、王业慌忙跑出宫去报告司马昭。

司马昭得信后，做好了准备。这时，曹髦仗剑登车，率领数百僮仆从宫中鼓噪而出。行至东止车门，正好遇到司马昭的弟弟屯骑校尉司马伷（zhòu）率兵堵截，曹髦的左右一顿呵斥，司马伷之兵四散奔走。接着中护军贾充又领兵在南阙下迎战曹髦等人，曹髦的僮仆被打得溃不成军，但曹髦仍然一边自称天子，一边挥剑乱砍。贾充兵不敢进逼，太子舍人成济问贾充："事态危急，怎么办？"贾充厉声道："晋公养你们这些人，正为了今日。你们还犹疑什么！"成济与其哥哥骑督成倅（cuì）便率部下向前冲去。成济边冲边回头问道："要死的？要活的？"贾充答道："要他死！"成济一矛戳去，给曹髦戳了个透

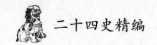

心凉。司马昭得知曹髦的死讯，吓了一跳，他自己躺到地上，说道："天下会怎样议论我呀！"太傅司马孚连奔带跑地赶往出事地点，枕着曹髦的大腿，痛哭着说："杀陛下的，是为臣之罪啊！"

曹髦被杀后，太后下诏说此儿"悖逆不道"，"宜以民礼葬之"，但司马昭等人却叩头请求道："臣等之心实有不忍，以为可加恩以王礼葬之。"太后恩准后，二十岁的曹髦被埋在洛阳西北三十里瀍（chán）涧边上，围观的百姓指着坟头说道："这就是前日被杀的天子啊！"

不久，司马昭又上书太后道："高贵乡公率领随驾的将士，挥舞兵器，鸣金擂鼓，向臣处进攻。臣恐刀兵相见，便命令将士不准伤害他，违令者以军法从事。骑督成倅弟太子舍人成济，冲入兵阵刺伤了高贵乡公，以至于他命丧黄泉。臣已依照军法逮捕了成济。臣闻人臣守节，唯有一死；侍奉天子，义不逃难。这次变故突然，转瞬祸降，臣真想虽死不辞，听凭命定。但想到高贵乡公原本打算谋杀皇太后，倾覆宗庙，臣忝居大任，义在安国，担心纵然身死，罪责却越发严重。因此，臣想遵照伊尹、周公之权，平定社稷之难，当即反复命令，不准接近他的车驾，不料成济突入阵中，以致造成大变。臣哀伤痛恨，五脏欲裂，不知殒节何地才好。按照法律规定，大逆不道者，父母、妻子、同母兄弟一起斩首。成济凶顽悖道，乱国犯法，罪不容

诛。特令侍御史逮捕了成济家属，交付司法部门结案定罪。"太后看毕后下诏道："五刑之罪，莫大于不孝。一般人有不孝子，尚且告他处罚他，此儿怎么能还当人主看待呢？我是妇道人家，不明大义，还以为成济算不上大逆不道。但大将军心情恳切，出言凄怆，所以准你所奏。当颁告远近，使人均知原委。"

然而，成倅、成济兄弟二人却不肯伏罪就范，他们光着膀子爬上屋顶，狂悖傲慢，恶言恶语地破口大骂。司马昭手下人无法捉住他们，只好放箭，把他们射死了事。

（《三国志·魏书·三少帝纪》等）

刘备隐悔

建安元年（196），曹操上表奏请封刘备为镇东将军、宜城亭侯。当时刘备正与袁术相峙，吕布乘机袭取了张飞守卫的下邳，俘虏了刘备的妻子儿女。刘备引军撤至广陵，兵困粮绝，欲还小沛，于是与吕布议和。吕布让他返回徐州，一同进攻袁术。可是吕布手下众将都劝他杀掉刘备，吕布并不听从，反而把众将的主张告诉了刘备。刘备心中惊恐，想找个托身之地离开徐州。他请人劝说吕布，让他驻扎小沛，吕布准他前往。

刘备还归小沛，马上招聚离散的士卒达万人之多。吕布恨

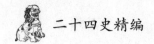

他招兵买马，亲自率兵攻打他，他只得逃奔曹操。曹操待他特别优厚，让他作豫州牧，重整旗鼓，东击吕布，没想到又为吕布部将高顺击败。建安三年十月，曹操亲自率兵征讨吕布，帮助刘备围困吕布于下邳，从而活捉了吕布。

曹操特别赏识刘备，刘备随他回许都后，曹操就表奏他为左将军，对他大加礼遇，"出则同舆，坐则同席"。曹操才高自负，蔑视群雄，而对刘备另眼相看，他认为刘备有雄才大略，决非池中之物。一次，他请刘备喝酒，大论起天下豪杰。当他问道谁可以称得上英雄时，刘备举出家门四世三公的袁绍，他不以为然地笑道："方今天下，可以称为英雄的，只有您和我曹操啊！袁绍之流，何足挂齿！"刘备正在吃菜，一听此言，惊得勺和筷子都失手掉下。正好当时空中响了一声雷，刘备急忙遮掩道："圣人云'迅雷风烈必变'，真有道理呀。一声惊雷，竟然把我吓得这样。"

刘备为什么如此心虚呢？一是他确有角逐中原、称雄天下的野心；二是他当时秘密参与了车骑将军董承等人奉密诏诛曹操的阴谋。他既担心自己不甘蛰伏人下的野心败露，又害怕自己参与诛曹的阴谋被拆穿，所以曹操一语道破他乃"天下英雄"时，他有些情绪失控。

曹操也确实是位奸雄，他经常派密探监视在京诸将，看看是否有人聚在一起饮酒论事，如有，寻个借口把他打发了。刘

备为防曹操，经常紧闭大门，在自家庭园里种芜菁，足不出户，不与别人往来。一次，曹操的密探上门窥视，等他回去报告后，刘备便对张飞、关羽说道："我怎么会是个种菜的人呢？曹操听到报告后，肯定会产生怀疑。这个地方决不能再呆了。"当天夜晚，刘备打开后院栅栏，与张飞、关羽等人轻装飞奔而去。

（《三国志·蜀书·先主传》）

曹操诈术世无双

曹操少年时就为人机警，擅长权术。他喜欢飞鹰走狗，不务正业，他叔父常在他父亲曹嵩面前告状，使他颇感头痛。后来在路上碰到叔父，他便装出脸歪嘴斜的模样，叔父很奇怪地问他怎么回事，他说突然中了恶风。叔父回家告诉了曹嵩，曹嵩吃惊之余，连忙喊来曹操，却见曹操脸面和平常一样。曹嵩问道："你叔父说你中了风，已经好了吗？"曹操答道："我本来就没中风，只是他看不惯我，所以才造我的谣。"曹嵩于是对弟弟产生了疑心。此后曹操再放荡，叔父告诉曹嵩，曹嵩都不再相信。曹操自此更加肆无忌惮了。

等到曹操成人率军领众时，他似乎明白了兵不厌诈的谋略，接人待物不实，屡以变诈成事。兴平元年（194），曹操引兵攻打吕布，在濮阳城里中了圈套。他飞马仓皇逃窜，不幸正撞在

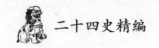

吕布的骑兵手上。正巧吕布的骑兵不认识他，问道："曹操何在?"曹操顺手一指，骗他道："骑黄马逃跑的那个就是。"这些人便放过曹操，向骑黄马的追去。曹操乘机逃出城去。

建安十六年（211），曹操率军西征马超、韩遂。为了击败马韩联盟，曹操采用离间之计，便在韩遂身上做起了文章。韩遂的父亲与曹操是同年的孝廉，韩遂本人又与他为同辈的故人，所以韩遂在战场上与他见面时，曹操故意和他交马欢谈多时，话题不涉及眼前的争战，只是回忆京都的故旧。谈到兴头上，曹操拍手大笑，气氛渲染得很是热烈，好像沙场变成了宴会似的。韩遂回营后，马超问他："曹操对您说了些什么?"韩遂答道："没说什么。"曹操对韩遂如此热情，焉能不说什么，马超心下起疑。过几天以后，曹操又写信给韩遂，信中故意涂抹了多处。马超听说韩遂有曹操的信件，又追问信的内容，韩遂便把信拿给他看。他看到上面勾勾画画的，就以为韩遂为了隐瞒什么而作了改写，因此愈加怀疑韩遂背地在与曹操搞什么勾当。曹操见离间成功，马韩联盟出现裂痕，便择日会战，把马超、韩遂等打得落荒而逃。

建安二十三年（218），太医令吉本与少府耿纪、司直韦晃等造反，进攻许都，放火焚烧丞相长史王必营寨，王必受伤至死。曹操勃然大怒，把汉百官召集到邺，命令救火的站在左边，没救火的站在右边。众人以为参与救火的必然不会加罪，都站

到了左边。曹操却认为"没救火的并非助长叛乱者，救火的正是奸贼"，下令把站到左边的人全都处以死刑。

一次，曹操率军讨贼平乱，仓库中的粮食不足。他私下问主粮官怎么办，主粮官答道："用小斛分配，粮食就不会不够。"他深表赞同，说道："好办法。"后来军中有人发现了分粮用的是小斛，举军哗然，都说曹操欺骗兵众。曹操便对主粮官说："现在要借你的头来压一下兵众，不然事情不好收拾。"于是杀掉了主粮官，把他的头颅挂起来示众道："行小斛，盗官谷，斩之军门。"曹操喜用变诈之术，论者以为其"矫情任算"、"谲敌制胜"、"抑可谓非常之人"。

（《三国志·魏书·武帝纪》等）

孔明废李严为民

南阳人李严以颇有才干称名于世。

章武二年（222），李严被刘备召到永定宫，官拜尚书令。刘备病重将死，特地把他和诸葛亮叫到面前，遗诏命以辅佐后主刘禅之事。后主刘禅即位，加封他为都乡侯、光禄勋、前将军。诸葛亮想率军驻扎汉中，便让他统领后方，屯驻江州。李严非常佩服诸葛亮的雄才大略，诸葛亮也很看重李严的性格才能，两人时有书信往来，相互引为知己。

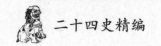

建兴八年（230），李严升任骠骑将军。因魏将曹真企图兵分三路进攻蜀国，诸葛亮便命李严率领两万人赴守汉中，并且表奏李严的儿子李丰为江州都督督军，接管李严在江州的军政。建兴九年，诸葛亮兵出祁山，任李严为中都护，主持后方政事及催办粮草。

当正值阴雨天气连绵不断，道路泥泞难行，无法及时输送粮食。李严担心因此受责，便想出一个花招。他先派参军狐忠、督军成藩去假传圣旨，召诸葛亮撤军。等诸葛亮领旨回兵时，李严又故作惊讶，散布说"军粮充足，何以撤兵"，想借此推诿自己后勤不力的责任，显出诸葛亮不愿进兵的过错。而且，他还上表欺骗后主，说诸葛亮是"伪装撤退，以便引诱敌军前来，再与之作战"。诸葛亮撤军后，把双方前前后后亲笔写下的信件公文都拿了出来，铁证如山，罪在李严。李严无言以辩，只好坦白认罪。

李严自刘备死后，劣迹渐生。诸葛亮对此早有察觉，但因他是先帝托孤重臣，自己与他又素为相知，所以一直以诚相待，对他父子委以重任，希望借以感化他。这次，李严公然欺上瞒下，贻误军机，诸葛亮觉得不能不绳之以法。于是，他上表后主，说明原委："自先帝去世后，李严在各任所，专门考虑私利，安身求名，置国事于不顾。当臣北向出兵时，想调李严兵镇守汉中，而他百般刁难，不听从调遣，并且要求出任巴州刺史以管领五郡。去年臣欲西征，想让他主管汉中，他却对司马懿等的征召表现出兴趣。臣知道他是想乘臣出兵之际逼臣取利，所以臣才表奏其子李丰主管江州，给以礼遇重位，以换取他服务于一时。李严到汉中后，总理诸事，群臣上下都怪臣待他太为优厚。其实臣之所以这样做，是因为大业未定，惩治李严的缺失还不如表彰他。然而，臣没料他到竟然本末倒置到如此地步！他的罪责，如不惩处，将危害国家。为臣不敏，余不赘言。"于是，罢免了李严的一切官职，以平头百姓的身份把他流放到梓潼郡。

事后，诸葛亮仍然感到心情沉重，李严虽有大过，但毕竟是个人才。所以，他在给李严的儿子李丰的信中，嘱他"宽慰都护（李严），勤追前缺"；如能深刻反省，今后或许"否可复通，逝可复还"。李严确实也等着诸葛亮重新起用自己，未料三年后诸葛亮魂归西天，李严知道他人再不会记得自己，因而心怀抑郁死。后人习凿齿曾有评曰："法行于不可不用，刑加乎自犯之罪。爵之而非私，诛之而不怒，天下有不服者乎！诸葛亮于是可谓能用刑矣，自秦、汉以来未之有也。"

（《三国志·蜀书·李严传》等）

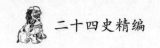

孙权论才

孙权占据江东，物产丰富，人杰地灵，与曹魏和刘备集团三足鼎立。

一次孙权和陆逊谈论周瑜、鲁肃和吕蒙时说："公瑾（周瑜字）雄伟刚烈，胆略过人，所以能够打败曹操，开拓荆州，但是太高邈了很难有人能继承他，现在有你继承了他的衣钵。公瑾过去邀请子敬（鲁肃字）到江东来，推荐于我，我和他饮酒谈论，天下大事帝王之业无不涉及，这是人生一大快事。后来曹操由于俘获了荆州刘琮的残部，扬言率领数十万大军水陆共进，直攻我东吴。我请教所有的文武大臣，询问怎么对付，大家都没有办法。至于子布、文表等人，都说应该派遣使者修好和约去迎接他们。鲁肃当即驳斥说不能那样，劝我赶紧召回周瑜，委以重任，逆水而上迎击曹军，这是第二大快事。况且他决策计谋，远在子布、文表之上。后来他劝我借荆州给刘备，这是缺失之一，但是仍不足以影响他的两大功绩。古代周公用人不求全责备，所以我勿视他的缺失而看重他的长处，常常把他与东汉初年的邓禹相比。另外子明（吕蒙字）年轻的时，我认为他只不过刚毅、果敢而有胆量而已，待到他长大成年，学问大增，眼界开阔，常有奇思大谋，可以说仅次于公瑾，只是言谈风姿赶不上他。但他谋取了关羽，胜过子敬。子敬曾经给我写信说：'帝王初起宏图大业，都有所驱除，关羽不足为虑。'这是子敬内不辨主次，外妄口大言，我也原谅了他，不随便责备他。然而他领军扎营，能做到令行禁止，军将职责分明毫无废负，路不拾遗，他的治理也高明至极啊！"

（《三国志·吴书·吕蒙传》）

曹操重用郭嘉

郭嘉字奉孝，是颖川阳翟人。东汉末年，群雄并起，他起初北上去投靠袁绍，不久对袁绍的谋臣辛评、郭图说："聪明的人谨慎地选择明主而事奉他，才能百举百全成就功名。袁公只是表面效法周公的礼贤下士，但不知用人的真谛。他好谋无断，想要与他共济天下大乱，成就霸业，困难至极啊！"于是离开了袁绍。

曹操起兵之初，有颖川戏志才为他谋划大业，十分器重，但是戏志才早死，曹操对荀彧（yù 郁）写信说："自从戏志才死后，我没有可以与之共同计事的人，颖、汝等地向来多出奇才，谁可以继替志才呢？"荀彧便推荐了郭嘉。召见郭嘉与他谈论天下大事之后，曹操说："能使孤成就大业的，一定是这个人。"郭嘉在晤谈出来之后也说："这才真正是我的主公啊！"

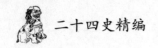

曹操任他做司空军祭酒。

按照郭嘉的意见，曹操先进攻吕布，三战都大获全胜，吕布便坚守不战。当时士卒都很疲惫，曹操想引军退还，郭嘉则建议他加紧进攻，果然活捉了吕布。

孙策占据江东之后，听说曹操北攻袁绍，在官渡相持，就准备北渡长江袭击曹操后方许都。众人听说都很惊惧，只有郭嘉预言说："孙策新据江东，他所诛杀的都是英雄豪杰，那些人都有能以死力相报的故旧。但是孙策毫无防备，尽管他有百万之兵，但无异于单行于中原。如果刺客伏击他，那么他实在不过是一个人的对手。以我看来，他必定会死在匹夫的手中。"后来孙策临江还没渡过，就被许贡的朋友刺杀了。

郭嘉随曹操征讨袁绍，袁绍死后，又征战袁绍之子袁谭、袁尚于黎阳，连战连胜。诸将都要乘势进取，而郭嘉说："袁绍喜欢这两个儿子，没有立继承人，而郭图、逢纪各做他们的谋臣，必定会相互争斗。我们若进攻太急他们会团结与我军相持，若慢攻缓取他们必相互争立。不如先向南去征伐刘表，以待袁氏兄弟之变，生变后再攻取他，可一举而定。"曹操说："太好了。"于是南征，后果如郭嘉所言，谭、尚争夺冀州，袁谭被袁尚打败，逃到平原，派辛毗来请求投降。曹操回征，一举平定。因此曹操封郭嘉洧阳亭侯。

郭嘉深通算计谋略，对事物情理言必有中。曹操常说：

"只有奉孝（郭嘉字）能知道孤的心意。"郭三十八岁时，从柳城回来时病重，曹操探问多次。郭嘉死后，曹操哀痛至极，对荀攸等人说："诸位年纪都与我同辈，只有奉孝最年轻。本想在天下平定之后把后事托付给他，然而他竟中年夭折，这也是天命啊！"在他为郭嘉作的祭奠表文中说："每有大议，临敌制变。臣策未决，嘉则成之。平定天下，谋功为高。不幸短命，事业未终。追思嘉勋，实不可忘。……哀哉奉孝！痛哉奉孝！惜哉奉孝！"

后来曹操征讨荆州，火烧赤壁，他感叹说："如果郭奉孝在的话，我不会至于如此境地！"平时，陈群曾经指责郭嘉行为不检点，多次在朝廷上批评郭嘉，而郭嘉却神色自若。曹操更加器重郭嘉了，但是对于陈群能够坚持正义，他也极为高兴。

（《三国志·魏书·郭嘉传》）

不言之教　父子清廉

胡质，三国魏淮南寿春（今安徽寿县西南）人，少时就与当时蒋济、朱绩等闻名于江淮之间。后受别驾蒋济荐举，魏太祖曹操任命他为顿丘县令。魏文帝时，升任东莞太守，在那里当了九年的官。后又任荆州刺史、征东将军，封关内侯。胡质很有才能，为官时也很有政绩，所到之外，境内太平，士子百

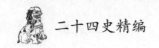

姓生活安定。

胡质为官正直清廉，凡有朝廷赏赐或得到财帛等物，均随时分送给部下，从不归于私囊。嘉平二年（250），他老病而死，家中除了朝廷所赐的朝服和自己的书籍以外，竟没有财物。朝廷听人报告了他死后的境况，也大为感动。因为当时早于胡质一年而死的司空徐邈、卫尉田豫等为官也同样十分清廉，身后家无财物，朝廷为表彰这些清节之士，就特意下了一道诏书，诏书中表扬胡质等三人"忠清在公，忧国忘私，不营产业。身没之后，家无余财"。又赐给胡质以及徐邈、田豫等几家一些钱粮，布告天下，以表彰他们的清廉自持。

如果说教育的方法是多种多样的，那么，胡质对儿子胡威的影响是重在身教。自身的行为就是最好的榜样，胡质一生以忠清著称，其子胡威由于受到直接的家庭影响，潜移默化，也养成了清正廉洁的良好品质。当年胡质在荆州当刺史时，有一次胡威从京城去荆州探望父亲。由于胡质一贯不治产业，故家中十分清贫，胡威无钱雇车马，更谈不上带书僮仆役之类，便一个人独自骑着一头驴上路。每到晚上停下住宿，胡威都要一面放驴，一面拣柴。等驴吃饱，柴也拣得差不多了，再自己烧饭吃，他却不以为苦。到荆州后，胡威在父亲那里住了十多天，便向胡质告辞，准备回家。临别时，胡质拿出一匹绢来，给儿子当作路上的花费。胡威见父亲竟会有绢匹，心中感到有些疑惑，问胡质道："父亲大人一向十分清廉高洁，不知道这匹绢是哪里来的？"胡质向儿子解释说："是我的俸禄中节余下来的，给你当作路上的盘费。"胡威这才放心收下。

当时，胡质帐下有个都督请假回家，正好赶在胡威回家之时。这个都督不敢明目张胆地提出伴送胡威回家，便先上了路，到百里之外，故意装着是偶然碰上的路伴，相随着走了数百里，路上时时帮助、照顾胡威。胡威越走越觉得奇怪，心想此人为何老是和我相伴，而且数百里路走下来，还没有要分手的意思？他知道直截了当一定问不出原因来，便略施小计，诱使这个都督说出了真相。胡威确知这位都督是有意要照顾自己时，便将父亲给的那匹绢送给他，婉言要他不必再相伴而行。后来，胡威在寄给父亲的信中特意将此事告诉胡质。胡质不但不因为这个都督照顾了自己的儿子而感激他，反而严厉责罚了这位都督，并将他除了名。做官做到如此清廉的程度，自然再也不会有各种弊端了。

由于父子俩如此清正廉洁，所以名声越来越传扬开去。胡威后来也被朝廷委了官职，先是担任侍御史、安丰太守等，后升任徐州刺史。跟父亲一样，胡威做官同样很有政绩，所任之处，民风淳厚，社会安定。

后来由魏而入晋，晋武帝时，一次胡威入朝，武帝谈起当年胡质为官的政绩，又谈起其清廉，十分赞叹。他问胡威道：

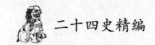

"你和你父亲相比,到底哪个更清廉一些?"胡威立刻回答说:"我不如我的父亲。"武帝问:"你父亲在哪方面胜过你呢?"胡威回答道:"我的父亲清廉,惟恐为别人所知道,而我清廉却惟恐别人不知道,所以说和父亲相比,我还差得很远!"晋武帝十分感慨于胡威的直率明理,后来又升胡威为右将军、豫州刺史。到最后,更召他入朝,任命他为尚书,加以奉车都尉的官职。

尽管晋武帝一再重用他,胡威仍然敢于犯颜直谏,决不留情。有一次,他向武帝谏言,说政令太宽,以至许多朝廷大臣都不遵法令,晋武帝辩解说:"对尚书郎以下的官员,我并没有加以姑息。"胡威答道:"我所奏之事,目的哪里是要管束那些小官吏呢?正是要约束住像我这样的朝臣,才能够整治社会风气,严肃法纪!"

胡威于太康元年(280)去世,朝廷追赠他为镇东将军,给以谥号曰"烈"。胡质、胡威父子俩一生清廉,其事迹载于史册,给后人以很大的启迪。

(《三国志·胡质胡威传》等)

母贤子孝

孟仁本出身寒微,最后官至吴国司空。可以说,孟仁的一

生行事，全都是他母亲呕心沥血，精心教育的结果。

从孟仁幼年时开始，孟母便开始对儿子进行严格的教育。孟仁年少时便出门救学，跟从南阳学者李肃学习。孟仁的母亲真不愧是个有心人，临行前，特地为儿子赶制了一条特别厚实而又特别大的被子。旁人见她做法独特，感到迷惑，问她为什么要这么做，孟母告诉人家："我的儿子没有什么特别好的品性，可以赢得别人跟他交往。出门求学的人大多贫困，我缝这样一条大被子，就是为了让我儿子的同学可以跟我儿子同睡，以便跟我儿子结为益友，对他学习上一定会有所帮助。"话一经点明，旁人也就完全理解了孟仁母亲的良苦用心。

可喜的是，孟仁领会了母亲的良苦用心以后，大大激励了其发愤好学的精神。他读书非常勤奋，常常晚上挑灯夜读，不肯休息。他的老师李肃对他十分赞赏，当面夸奖他说："真是宰相之器！"

孟仁成人以后，开初担任骠骑将军朱据手下的小军吏，将母亲接去一道生活。他官职既卑，又很不得志，境况十分艰难。一天晚上，外面大雨，家中屋漏，难以安寝。孟仁自己倒还不觉什么，只是感到竟让自己母亲经受这样的苦楚，越想越觉得难过。他从床上爬起身来，情不自禁地流泪哭泣，向母亲谢罪。孟仁母亲却不以为意，只是勉励儿子道："只要你不忘志向，勤奋努力，受点苦不算什么，有什么值得哭的呢！"孟仁听到

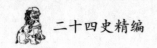

母亲的勉励，立即收泪止声。

骠骑将军朱据知道他们母子俩的困窘后，便将孟仁提升为监池司马（即管理渔业的小官）。孟仁虽家里境况贫寒，却很清廉。这时候，他的母亲已经不在他的任所，而是回老家去住了。孟仁虽身为监池司马，却会结网，又用自己结的网打鱼晒寄给母亲。他的母亲却当即将鱼干退回，并写了一封信去责备儿子道："你身为渔官，却将鱼干寄给我，难道你不懂得要避嫌疑吗？"

孟仁就是在其母亲的不断教育督促下逐渐成熟起来的。后来他当了县令，仍然不能将老母亲带到任上，因此每得到什么时新的食物，都要先寄回家给母亲吃，以尽孝道。孟仁母亲后来亡故，孟仁十分悲痛，不顾朝廷的法令，弃官不做，回家尽孝。幸而朝廷知道他的孝心，赦免了他的过错。事过之后，仍然让他出来做官。

因为有了母亲的教诲，孟仁才养成了勤奋的精神和方正的性格。

（《三国志·孙皓传注》等）

著书教子　名垂青史

王昶是三国时代魏国大臣，字文舒，太原晋阳（今山西太原西南）人。魏文帝时，他由中庶子转任散骑侍郎，又任洛阳典农。魏明帝即位，他官扬烈将军，封爵关内侯。后迁征南大将军，进封京陵侯，官至司空。

王昶关心民生疾苦，曾率民广垦荒地，勤劝农耕，很有政绩。他任外官时，不忘朝廷政事。他认为魏朝建立以后，继承了秦汉以来成法的弊端，不大加改革，朝政难以兴盛，于是著《治论》二十余篇，阐述自己的政见。又写《兵法》十余篇，论用兵之道。他将这些均上奏朝廷，希望朝廷能够改革朝政和兵政，使国家兴旺发达。

王昶为官勤于政事，在家则很注意修身及教育子弟。他常以儒家谦抑冲和的思想要求和教育子弟，连给他们起名字也体现出这种谦冲修身的思想，如他给自己哥哥的儿子一个起名为默，字处静；一个起名为沈，字处道。给自己的儿子取名浑、深，分别起字为"玄冲"、"道冲"，集中地反映了他的教子思想。尤其值得一提的是，他为了教育自己的子侄们，特意作了一篇书来告诫他们。在《三国志·魏志》中，王昶的传略十分简略，而史官却将他这篇"书戒"全部载入，可见他的这篇"书戒"在人们心目中的地位。

这篇"书戒"中充满了人生的哲理，王昶在文中告诫子侄们："夫人为子之道，莫大于宝身全行……患人知进不知退，知欲而不知足……人或毁己，当退而求之于身。若己有可毁之行，则彼言当矣；若己无可毁之行，则彼言妄矣。当则无怨于彼，妄则无害于身，又何反报焉……谚曰：'救寒莫如重裘，止谤莫如自修。'斯言信矣。……其施舍务周急，其出入存故老，其论议贵无贬，其进仕尚忠节，其取人务道实，其处世戒骄淫，其贫贱慎无戚，其进退念合宜，其行事加九思。如此而已，吾复何忧哉！"全文很长，当这几句已足以见出王昶教育子侄的基本思想。他提出为子之道最要紧的是"宝身全行"，实际上就是强调要加强自身修养，不断改正自己的缺点错误。他教育子侄，不要进而不知退，欲而不知足，凡事要适可而止，知足常乐。尤其可贵的是，他提出了对待别人批评或者诽谤的正确态度，即首先要在自身找原因，冷静加以分析，然后坦然处之。"止谤莫如自修"一句，可以当作人们的座右铭。"书戒"的最后提出的九点要求，更是具体而合理。如俗语称"三思而行"，但王昶对子侄们的要求更高，告诫他们"其行事加九思"，于此也可见他的良苦用心。虽然作为一个封建时代的官员，其思想必然包含着阶级和时代的局限性，但这篇"书戒"中，可以借鉴的东西仍然还是很多的。

（《三国志·魏志·王昶传》）

人物春秋

命世之才济天下——曹操

太祖曹操，字孟德，是汉朝相国曹参的后代。桓帝时候，曹腾为中常侍大长秋，被封为费亭侯。曹腾养子曹嵩继承他的爵位，官做到太尉。无人知晓曹嵩原来的家世渊源。曹嵩生了儿子这就是魏太祖武皇帝曹操。

曹操幼时机警，有应变本领，常好打抱不平，行为不检点，不注意增进自己的操行、事业。所以当时人并没觉得他有什么奇特之处，只有梁国桥玄，南阳何颙认为他不是一般人。桥玄对曹操说："天下就要乱了，不是出色政治家解决不了问题，能安定天下的，大概就是你了。"二十岁，被举为孝廉，任命为郎，转任洛阳北部尉，升为顿丘县令，又被征召入朝任议郎。光和末年，黄巾起义，曹操被任命为骑都尉，讨伐颍川盗贼。升任济南国相，济南国有十多个县，县的主官和属吏大多巴结讨好权贵外戚，贪赃受贿，胡作非为。于是曹操奏请罢免了八

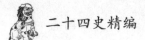

个官吏。禁绝不合礼制的祭祀活动。坏人逃奔境外，郡内社会
秩序清平安定。很长时间之后，又被调回京城，改任东郡太守；
他借口有病，返回家乡。

不久，冀州刺史王芬，南阳许攸，沛国周旌等联络地方豪
强，策划废黜汉灵帝，立合肥侯为帝，把这个谋划通知了曹操，
曹操拒绝参加，王芬等因此失败。

金城边章、韩遂杀死刺史、郡守，发动叛乱，有兵十几万，
天下骚动。朝廷征召曹操为典军校尉。这时正碰上灵帝去世，
太子即位，太后临朝听政。大将军何进和袁绍谋划诛杀宦官，
太后不同意。何进就召董卓进京，想借董卓兵力胁迫太后。没
等董卓到达京城，何进就被杀了。董卓到京城，废黜皇帝为弘
农王，另立献帝，京都大乱。董卓奏表请求任命曹操为骁骑校
尉，想和曹操共商朝廷大事。曹操于是改名换姓，从小路东行
回故乡。出关后，过中牟县，受到亭长怀疑，被逮捕押送到县
城，中牟县有人偷偷认出了他，为他说好话，释放了他。这时
董卓已杀太后和弘农王。曹操抵达陈留，拿出家产，募集义兵，
准备讨伐董卓。冬天十二月，在己吾县开始建立军队，这一年
是中平六年。

初平元年春正月，后将军袁术、冀州牧韩馥、豫州刺史孔
伷、兖州刺史刘岱、河内太守王匡、渤海太守袁绍、陈留太守
张邈、东郡太守桥瑁、山阳太守袁遗、济北相鲍信同时起兵，

各有几万人军队，推袁绍为盟主。曹操代理奋武将军。

二月，董卓听说袁绍等人起兵，就把天子迁到长安，自己留驻洛阳，接着烧毁了宫殿。这时袁绍驻扎河内，张邈、刘岱、桥瑁、袁遗驻扎酸枣，袁术驻扎南阳，孔伷驻扎颍川，韩馥驻扎邺县。董卓兵力强大，袁绍等人谁也不敢率先进击。曹操说："发动义兵，讨伐暴乱，大军已经会合，诸位还迟疑什么呢？假使董卓听说山东发动义兵，他就凭借王室的威势，紧守二周的险要，东向控制天下，虽然他是倒行逆施，那也还值得忧虑。现在他烧毁宫室强制迁徙天子，天下震动，不知道该投向何人，这是老天要他灭亡的时刻，一仗下来天下就安定了，机会不可放过啊。"接着领兵西进，打算去占领成皋。张邈派将军卫兹分领一些军队跟随曹操到荥阳汴水，遇到董卓将军徐荣，和徐荣交战失利了，士兵死伤众多。他被流矢射中，骑的马受了伤，堂弟曹洪把马给曹操，他才得以趁夜逃开。徐荣见曹操带兵虽然少，却仍能拚命坚持一整天战斗，估计酸枣不易攻取，只好带兵回去了。

曹操到酸枣，各路军马十多万人，天天酒席聚会，不思进取之策。曹操批评他们，并给他们出主意说："你们诸位接受我的建议，让渤海太守领河内兵据守孟津，酸枣的各位将军守住成皋，占有敖仓，堵住轘辕、太谷通道，全面控制住险要地势，让袁将军率领南阳军队驻扎丹、淅，攻进武关，威胁三辅。

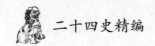

然后各军都高筑壁垒，不出战，多设疑兵，向天下表明讨伐董卓的强大优势。以正义之师，讨伐叛逆。胜利垂手可得。现在为伸张正义而发动了军队，却又迟疑不进，让天下失望，我私下为诸位感到羞耻。"张邈等不能采纳曹操建议。

曹操兵少，于是和夏侯惇到扬州去募兵，刺史陈温、丹阳太守周昕拨给他四千多兵。返回的途中在龙亢停歇时，许多兵士叛逃了。到铚县，建平县，又招募兵士一千，进驻河内郡。

刘岱与桥瑁关系恶化，刘岱杀了桥瑁，以王肱代理东郡太守。

袁绍和韩馥策划拥立幽州牧刘虞为皇帝，曹操拒绝支持。袁绍又曾得到一颗玉印，和曹操共坐时，把玉印向他臂肘举去，让他看。曹操因此耻笑讨厌他了。

二年春，袁绍、韩馥终于拥立刘虞为皇帝，刘虞却到底也不敢接受。夏四月，董卓回长安。秋七月，袁绍胁迫韩馥攻取冀州。

黑山贼于毒、白绕、眭固等十多万人进占魏郡、东郡，王肱抵挡不住。曹操带兵进东郡，在濮阳进攻白绕，打败了他。袁绍因而表奏朝廷推荐他为东郡太守，郡治设在东武阳。

三年春，曹操驻扎顿丘，于毒等进攻东武阳。曹操带兵西行入山，进攻于毒等人的大本营。于毒闻知，放弃武阳回救。他在半路拦击眭固，又在内黄攻击匈奴於夫罗，全都把他们打

得大败。

夏四月，司徒王允和吕布一起杀了董卓，董卓将军李傕、郭汜等杀了王允，进攻吕布，吕布向东败出武关。李傕等把持朝政。

青州黄巾一百多万人涌进兖州，杀了任城国相郑遂，又转入东平国境。刘岱准备进攻黄巾，鲍信劝阻说："现在贼寇多到一百万人，百姓都非常恐惧，士兵缺乏斗志，不能和他们硬抗啊。我看贼寇拖家带口，军队没有稳定供应，只靠临时抢夺，现在不如保存兵力，先做好防守，他想打没人和他打，想攻又攻不进来，他们势必离散解体，然后我们选拔精锐部队，占据他们的要害一进攻，就可以取胜了。"刘岱不听，坚持出战，结果被黄巾杀死。鲍信于是和兖州的属吏万潜等人到东郡迎接曹操来兼任兖州牧。接着曹操和鲍信等进兵，在寿张东攻击黄巾。鲍信奋战而死，才勉强打败了黄巾。悬赏也没找寻到鲍信尸体，大家就雕刻一尊鲍信木像，哭祭一番。追击黄巾直到济北，黄巾请求投降。冬天，接受黄巾投降士兵三十多万人，随行家属一百多万，曹操收编其中精锐部份，号称青州兵。

袁术和袁绍有矛盾，袁术向公孙瓒求援，公孙瓒派刘备驻扎高唐县，单经驻扎平原县，陶谦驻扎发干县，进逼袁绍。曹操和袁绍联合反击，把三支人马全都打败。

四年春，曹操驻扎在鄄城。荆州牧刘表截断袁术粮道，袁

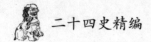

术带兵进入陈留，驻扎在封丘，黑山残余盗贼以及於夫罗等帮助袁术。袁术派将军刘详驻扎匡亭。曹操进攻刘详，袁术救刘详，曹操和袁术交战，大败袁术。袁术退保封丘。曹操包围封丘，还未来得及合围，袁术又逃奔襄邑。曹操追到太寿，决开渠水灌城。袁术逃向宁陵。曹操又追他，他就逃奔九江。夏天，曹操回师驻扎定陶。

下邳阙宣聚兵几千人，自称天子，徐州牧陶谦和他共同发兵，夺取了泰山郡的华、费，攻占任城。秋天，曹操征讨陶谦，攻占十几座城。陶谦守徐州不敢出城。这一年，孙策奉袁术命令渡江，几年之内，就占有了江东。

兴平元年春天，曹操从徐州返回。当初，曹操之父曹嵩卸任后回谯县，董卓之乱，在琅邪避难，被陶谦杀害，所以曹操一心想着复仇东伐。夏天，派荀彧、程昱守鄄城，再一次征讨陶谦。攻占五座城，接着扩大占领地区直至东海。回师经过郯县，陶谦的将军曹豹和刘备在郯东驻扎，拦击曹操，曹操打败他们。接着攻占襄贲。对所过之处，都大加杀戮。

正当此时，张邈和陈宫反叛，去迎接吕布，郡县都起来响应。荀彧、程昱保卫鄄城，范、东阿两县坚守。曹操于是领兵回返。吕布到了，攻打鄄城没能攻下，向西转移，屯驻濮阳。曹操说："吕布一个早上就得到了一个州，但不能占据东平，切断亢父、泰山之间的通道，利用险要地形拦击我，却远远地屯驻到濮阳去，我知道他办不出什么事了。"于是进兵攻打他。吕布出兵交战。先用骑兵冲青州兵，青州兵溃逃。曹操阵势变乱，曹操冒火奔逃，从马上坠落，烧伤右手掌。司马楼异扶曹操上马，于是撤退。还没到营地就停下来了。诸将没见着曹操，都恐慌了。曹操就强撑着身体慰劳军队，下令军中加紧准备攻击器具，把部队向前开进，再一次攻打吕布军队。和吕布相持一百多天。蝗灾出现，老百姓挨饿，吕布军粮也用尽了。双方各自撤兵。

秋九月，曹操回鄄城。吕布到乘氏，被乘氏县人李进打败，向东转移驻扎山阳。这时袁绍派人劝说曹操，想和曹操建立和好关系。曹操新失去兖州，军粮用尽了，想要答应袁绍要求。程昱劝阻，便接受了程昱意见。冬十月，曹操到东阿。这一年，谷子一斛五十多万钱，人饿得出现吃人现象，于是曹操解散新招募的官兵。陶谦死了，刘备接替了他。

二年春，曹操袭击定陶。济阴太守吴资守卫南城，曹操没攻下来。正碰上吕布领兵来到，又打败了吕布。夏季，吕布将军薛兰、李封驻屯钜野，曹操进攻他们，吕布来救薛兰，薛打败了，吕布逃走了，于是杀了薛兰等人。吕布又和陈宫领兵一万多从东缗来交战。当时曹操兵少，布置了埋伏，突然发动攻击，大败吕布。吕布连夜逃走，于是再一次进攻，占领了定陶，分兵平定各县。吕布东逃投奔刘备，张邈跟从吕布，叫弟弟张

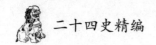

超携带家属守卫雍丘。秋八月，曹操围雍丘。冬十月，天子任命曹操为兖州牧。十二月，雍丘城破，张超自杀。曹操杀尽张邈三族。张邈去找袁术求救，被自己的部下杀死。兖州平定，曹操接着向东攻打陈地。

是年，长安发生混乱，天子东迁，在曹阳被打败，渡河到达安邑。建安元年春正月，曹操兵临武平，袁术任命的陈国国相袁嗣投降。曹操将要去迎接天子，有的将军怀疑这个举动恰当与否，荀彧、程昱劝他迎接。于是派遣曹洪带兵西去迎接，卫将军董承与袁术将军苌奴占据险要地势抗拒，曹洪无法前进。

汝南、颍川黄巾何仪、刘辟、黄邵、何曼等，各有兵几万人，先响应袁术，后来又归附孙坚。二月，曹操进兵打败他们，杀了黄邵等人，刘辟、何仪和他们的部属全都投降。天子任命曹操为建德将军。夏六月，调任镇东将军，封费亭侯。秋七月，杨奉、韩暹带着天子回洛阳，杨奉另外在梁县驻扎。曹操接着到达洛阳，在京都设防，韩暹逃走，天子赐予曹操节钺，录尚书事。洛阳残破，董昭等劝他迁都到许县去。九月，皇帝出关东行到许县，以曹操为大将军，封武平侯。自从天子西迁，朝廷日渐混乱，直到这时，才把宗庙、社稷制度建立起来。

天子东迁时，杨奉从梁县出发企图中途拦截，没来得及。冬十月，曹操征讨杨奉，杨奉南逃去投奔袁术，曹操就攻打杨奉的梁县营地，攻下来了。在这时候，朝廷以袁绍为太尉，袁绍耻于班次在曹操之下，不肯接受太尉职位，曹操就坚决辞职，把大将军的职位让给袁绍。天子任命曹操为司空，代理车骑将军。这一年，采纳枣祗、韩浩等人建议，开始兴办屯田。

吕布袭击刘备，攻占下邳。刘备来投奔曹操。程昱劝曹操说："我看刘备有雄才大略而又很得人心，终究是不会甘居人下的，不如趁早除掉。"曹操说："现在正是招收人才的时候，杀一个人而失掉天下人心，这办法不行。"

张济从关中逃到南阳。张济死后，侄子张绣率领他的兵。二年春正月，曹操到宛，张绣投降，接着又后悔，又反叛了。曹操和他交战，被流矢射中，长子曹昂，侄子曹安民遇害。曹操于是带兵回舞阴，张绣领骑兵来抢夺辎重，曹操打败了他，张绣逃奔穰县，和刘表会合。曹操对诸将说："我接受张绣等人投降，错在没有马上就要他的人质，以至于弄到这个地步。我明白失败的原因了。你们诸位看着，从今以后，不会再有这类失败了。"于是就回许县去。

袁术想在淮南称皇帝，派人告诉吕布。吕布逮捕送信使者，把袁术的信转呈朝廷。袁术愤怒，进攻吕布。被吕布打败。秋九月，袁术侵扰陈郡，曹操东征袁术。袁术听说曹操亲自来了，丢下大军自己逃跑，留下将军桥蕤、李丰、梁纲、乐就统领军队。曹操到，打败桥蕤等将军，把他们都杀了。袁术逃过淮河。曹操回许县。

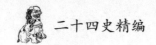

　　曹操从舞阴回许县的时候，南阳、章陵等县再次反叛，投向张绣，曹操派曹洪去攻打，战事不顺利，驻叶县，多次受到张绣、刘表的侵袭。冬十一月，曹操亲自南征，到达宛县。刘表将军邓济据守湖阳，曹操攻破湖阳，活捉邓济，湖阳军民投降。攻舞阴，攻下来了。

　　三年春正月，曹操回许县。开始设置军师祭酒官职。三月，曹操把张绣包围在穰县。夏五月，刘表派兵救张绣，抄曹军后路。曹操将要退兵，张绣带兵来追，曹操军队不能前进，就聚拢部队，缓行推进。曹操给荀彧写信说："贼来追我，我虽然一天只能前进几里，但我估计，走到安众县，一定可以打败张绣。"到了安众，张绣和刘表会师，守住了险要，曹操军队前后受敌。曹操于是趁夜在险要处开凿地下通道，把辎重全部运送过去，埋下伏兵。这时天亮了，贼以为曹操逃走了，调动全军来追。曹操就发动埋伏的步兵来攻，把贼兵打得大败。秋七月，曹操回许县。荀彧问曹操："事前已经预计贼必败，是怎么回事？"曹操说："贼阻拦我回撤的部队，和我身处死地的部队作战，我所以知道必胜。"

　　吕布又为了袁术而派高顺进攻刘备，曹操派夏侯惇救刘备，战斗不利，刘备被高顺打败。九月，曹操东征吕布。冬十月，曹操屠杀彭城军民，捉住了彭城国相侯谐。进到下邳，吕布亲自反击。曹操大败吕布，捉住了吕布猛将成廉。追到城下，吕布恐惧，打算投降。陈宫等人阻拦吕布投降，派人向袁术求援，又劝吕布出战，出战又败了，于是回城固守。曹操攻不进城，士卒劳累，打算撤兵回返。后来还是采纳荀攸、郭嘉计策，决开泗水沂水灌城。过了一个多月，吕布将军宋宪、魏续等逮捕陈宫，献城投降。曹操活捉吕布、陈宫，都杀了。太山臧霸、孙观、吴敦、尹礼、吕狶各自都聚合了一些部队。吕布打败刘备时，臧霸等全都跟从吕布。吕布失败，捉住了臧霸等人，曹操以优厚待遇对他们予以接受，接着又割青、徐两州沿海地区委托给他们。从琅邪国、东海郡、北海国中分出一部分地区建立城阳、利城、昌虑郡。

当初，曹操任兖州牧，任命东平国的毕谌为别驾。张邈叛变的时候，张邈劫持了毕谌的母亲、弟弟、妻子、儿子；曹操向他表示歉意，让他走，对他说："你老母在他那里，你可离开我到他那里去。"毕谌叩头表示没有二心。曹操夸赞了他，为他流了泪。毕谌退出去以后，就逃到张邈那里去了。等到打败吕布，毕谌被活捉了，大家为毕谌担心。曹操说："一个人对父母孝顺，难道能不对君主忠心耿耿吗！这正是我所需要的人啊。"任命他为鲁国国相。

四年春二月，曹操回到昌邑。张杨部将杨丑杀了张杨，睢固又杀了杨丑，带着张杨部队投降袁绍，驻扎在射犬。夏四月，曹操进军到黄河边，派史涣、曹仁渡黄河进攻睢固。睢固派张

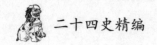

杨原来的长史薛洪、河内太守缪尚留守，自己带兵北去迎接袁绍求救，在犬城遇到了史涣、曹仁。相互交战，大败睢固，杀了睢固。曹操于是渡过黄河，包围射犬。薛洪、缪尚领兵投降，被封为列侯。曹军回驻敖仓。以魏种为河内太守，把河北地区事务托付给他。

当初，曹操荐举魏种为孝廉。兖州反叛时，曹操说："只有魏种不会背弃我啊。"等到听说魏种逃跑了，曹操发怒地说："魏种，只要你不南逃到越，北逃到胡，我绝不放过你！"攻下射犬后，活捉了魏种，曹操说："只是考虑到他是个人才啊！"解开了绑他的绳子并任用了他。

当时袁绍已然吞并了公孙瓒，兼有了四州的土地，兵有十多万，准备进军攻许县。诸将认为打不过袁绍。曹操说："我了解袁绍的为人。他志向大，智慧小；声色严厉，内心怯懦；好忌妒人，好争胜，但缺乏威信；兵员多，但组织混乱，隶属关系不明确；将军骄横，不听指挥，政令不统一。土地虽然广阔，粮食丰富，恰好可以变成奉送给我的礼品。"秋八月，曹操进驻黎阳，使臧霸等人进入青州攻打齐、北海、东安等地。留于禁驻扎在黄河边。九月，曹操回许县，分兵守官渡。冬十一月，张绣率兵归降，被封为列侯。十二月，曹操进驻官渡。

袁术自从在陈郡失败，日渐窘困，袁谭从青州派人迎接他。袁术想经由下邳北行，曹操派刘备、朱灵去拦击。就在这时，袁术病死。程昱、郭嘉听说曹操派遣刘备出征，对曹操说："刘备不能放出去。"曹操心中后悔，派人追赶，已经来不及。刘备没东去之前，暗地和董承等谋反，到下邳，就杀了徐州刺史车胄，宣布脱离曹操，带兵驻扎在沛国。曹操派刘岱、王忠去攻打，未能取胜。庐江太守刘勋带兵投降，被封为列侯。

五年春正月，董承等人的阴谋泄漏，都被处死。曹操将要亲自东征刘备，诸将都说："和您争天下的，是袁绍啊。现在袁绍正要来，您却丢下袁绍去东征，袁绍趁机抄我们后路，怎么办？"曹操说："那刘备，是人中豪杰，现在不打，必成后患。袁绍虽有大志，但遇事反应迟钝，动作缓慢。"郭嘉也劝曹操，于是向东进攻刘备，打败了刘备，活捉刘备将军夏侯博。刘备逃奔袁绍。曹操俘虏了刘备的妻子和孩子。刘备的将军关羽驻扎下邳，曹操又攻下邳，关羽投降。因为吕猯叛投了刘备，曹操又进兵打垮吕猯。曹操回到官渡，袁绍到底也没有出击。

二月，袁绍派遣郭图、淳于琼、颜良去白马攻打东郡太守刘延，袁绍带兵到黎阳，准备渡河。夏四月，曹操北救刘延。荀彧劝曹操说："现在我军兵少，不是敌人对手，把敌人兵力分散开来才好。您到延津做出要渡河抄他后路的样子，袁绍必然救应，然后您用轻兵奔袭白马，攻其不备，可以打败颜良。"曹操接受他的建议。袁绍听说曹军渡河，马上分兵西去救应。曹操就带兵强行军赶奔白马。离白马还有十多里时，颜良大惊，

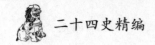

来迎接，曹操派张辽、关羽上前进攻，打败敌军，杀了颜良。于是白马之围被解，迁出白马民众，顺河西行。袁绍于是渡河追赶曹操军队，追到延津南。曹操停住部队，在南阪下扎营，派人登高了望，了望人报告说："大约五六百个骑兵。"等了一会儿，又报告："骑兵渐渐增加，步兵数不过来。"曹操说："不必报告了。"就下令骑兵解下马鞍放开战马。这时，从白马运出的辎重都已上路，诸将认为敌方骑兵多，不如退回去结营自保。荀攸说："这正是要用辎重引诱敌人，怎么要撤走？"袁绍骑兵将领文丑和刘备带五、六千人先后赶到。诸将又报告："可以上马了。"曹操说："没到时候。"等了一会儿，敌骑渐多，有的散开奔向辎重。曹操说："可以了。"可是大家上了马。当时曹操骑兵不到六百，就坚决发动攻击，大败敌军，杀了文丑。颜良、文丑都是袁绍名将，两次战斗全被杀掉，袁绍军队震动极大。曹操回军驻扎官渡。袁绍向前推进守卫阳武。关羽逃归刘备。

八月，袁绍聚拢部队，一点儿一点儿向前推进，紧靠沙堆扎营。

营垒东西相连几十里。曹操也展开部队和袁军一一对垒。相互交战，曹军不利。当时曹操军队不到一万，带伤的有十分之二、三。袁绍又向前推进到官渡，堆土山，挖地道。曹操也在营垒里堆土山挖地道和他对抗。袁绍向曹操营内射箭，箭如雨下，走路的，都要蒙着盾牌，兵士恐惧。这时曹操军粮供应不足，给荀彧写信，和他商量想撤回许县。荀彧认为："袁绍把全都军队集中到了官渡，打算和您决胜败。您是以最弱小的兵力抵抗最强大的敌人，若不能战胜他，就要被他战胜，这是决定天下大局的关键啊。再说，袁绍不过是一般人的强者而已，能聚集人，但不会使用。靠您的英明威武，又加上是为朝廷讨伐叛逆名正言顺，能有什么事办不成！"曹操听从了荀彧的意见。

孙策听说曹操和袁绍相持，就计划袭击许县，还没出发，就被刺客杀死了。

汝南归降的盗贼刘辟等反叛曹操响应袁绍，进攻许县附近地区。袁绍派刘备支援刘辟，曹操派曹仁击刘备。刘备败逃，曹仁接着攻破刘辟营垒。

袁绍几千辆运粮车到了前线，曹操用荀彧计策派徐晃、史涣拦击，大败袁军，把运粮车全部烧掉。曹操和袁绍对抗几个月，虽然一仗接一仗杀敌斩将，但兵少粮尽，士卒疲乏。曹操对运粮的人说："过十五天为你们打败袁绍，就不再劳累你们了。"冬十月，袁绍调车运输粮食，派淳于琼等五人带兵一万多人护送。停驻在袁绍军营北四十里。袁绍谋臣许攸贪财，袁绍难以满足，他就来投奔曹操，于是趁机劝曹操进攻淳于琼。曹操左右的人怀疑许攸的建议，荀彧、贾诩劝曹操采纳。曹操于是留曹洪守营，自己带步兵骑兵五千人趁夜出发，天亮就到了。淳于琼等发现曹操兵少，就在营门外列阵。曹操迅速冲击，淳于琼退保营垒，曹操就进攻营垒。袁绍派骑兵救淳于琼。身边有人对曹操说："贼骑渐近了，请您分兵抵抗。"曹操生气地说："贼在我身背后再报告！"士兵都拼命作战，大败淳于琼等人，把他们都杀了。袁绍刚听说曹操进攻淳于琼时，对长子袁谭说："乘他进攻淳于琼，我攻占他的营地，他就没有地方可回了。"就派张郃、高览攻曹洪。张郃等听说淳于琼被打垮，就来投降曹操。袁绍部队彻底崩溃，袁绍和袁谭等人弃军逃走，渡过了黄河。曹操派兵追赶没有追上。缴获了袁绍的全部辎重、图书档案和珍宝，俘虏了袁绍军队。曹操缴获的袁绍书信档案里，发现许县和前线军中人给袁绍的信，曹操予以全部焚烧了。冀州各郡大都献出城邑投降。

当初，桓帝时，有黄星在楚宋分野出现，辽东殷馗精通天文，说此后五十年，应当有真人兴起于梁、沛之间，他的发展不可阻挡。到此时一共五十年，而曹操打败袁绍，天下无人能与之匹敌。

六年夏四月，曹操在黄河边炫耀武力，进攻袁绍在仓亭的驻军，打败了它。袁绍回冀州后，再次收聚走散的兵士，攻取平定各个反叛的郡县。九月，曹操回许县。袁绍没败之前，派刘备攻取汝南，汝南贼共都响应刘备。曹操派遣蔡扬攻打共都，

不顺利，被共都打败了。曹操南征刘备。刘备听说曹操自己出征，就逃奔刘表去了，共都等人全都溃散。

七年春正月，曹操驻扎在谯县，下令说："我发动义兵，为天下除暴乱。故乡人民，几乎死光，在故乡走一天，碰不到一个熟人，这让我非常悲痛。现在我命令，发动义兵以来，将士断绝后代的，在亲戚中找人过继给他做后代，授给他们土地，官府供给他们耕牛，设置学校教育他们。替活着的人建立庙宇，让他们祭祀死去的亲人，魂如果有灵，我死之后还有什么遗憾呢！"接着到浚仪县，整修睢阳渠，派人用太牢祭祀桥玄，曹操进驻官渡。

袁绍自从军队被打败以后，发病吐血，很快死亡。小儿子袁尚继承职位，大儿子袁谭自称车骑将军，驻扎黎阳。秋九月，曹操征讨他们，接连作战，袁谭、袁尚一次一次败退，固守自保。

八年春三月，曹操攻黎阳外城，袁军出战，曹军进击，大败袁军，袁谭、袁尚连夜逃走。夏四月，曹操进驻邺县。五月回许县，留贾信驻扎黎阳。

已酉，下令说："《司马法》说'将军败退的要处死'，所以赵括母亲请求不受赵括连累。这说明古代的将军，在外打败仗的，家中人要牵连承受罪罚。我自从派遣将军出征讨伐以来，只赏功而不罚罪，这不是国家的完善制度。现在我命令：将领

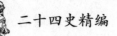

出征，损耗军队的，要抵罪，作战失利的，要免官职、爵位。"

秋七月，下令说："战乱以来，已历时一十五年，青年人不曾看到仁义礼让的社会风尚，我很伤心。现在我命令，各郡国都要研究文献典籍，满五百户的县设置校官，选拔当地学有成就的人对青年人施以教育，以便先王之道不被废弃，而有益于天下。"

八月，曹操征刘表，驻军西平。曹操离开邺县南征时，袁谭、袁尚争冀州，袁谭被袁尚打败，逃到平原县设防坚守。袁尚攻打紧急。袁谭派辛毗来找曹操，请接受投降，并请派兵去援救。诸将全都怀疑袁谭，荀彧却奉劝曹操答应他，曹操于是带兵北返。冬十月，到达黎阳，让儿子曹整和袁谭女儿订立婚约。袁尚听说曹操北来，就解了平原之围回邺县去。东平国吕旷、吕翔反叛袁尚，驻扎于阳平，率领部属投降曹操，被封为列侯。

九年春正月，渡过黄河，拦截淇水导入白沟以通粮道。二月，袁尚又攻袁谭，留苏由、审配守卫邺县。曹操进军到洹水，苏由投降。到邺县，攻城，堆土山，挖地道。袁尚的武安县长尹楷屯驻毛城，保证上党粮道的畅通。夏四月，曹操留曹洪攻邺，自己带兵进攻尹楷，打败了尹楷，然后回师。袁尚将军沮鹄守邯郸，曹操又攻取了邯郸。易阳县令韩范、涉县长梁岐带领全县投降，被封为关内侯。五月。平毁土山、地道，挖围城壕沟，决漳水灌城。城中饿死的人占据总人口的半数。秋七月，袁尚回师救邺。诸将都认为"这是回老家的部队，人人都会自动奋战，不如暂时回避。"曹操说："袁尚从大道回来，应当回避，如果顺着西山回来，这就要变成我的俘虏了。"袁尚果然顺着西山回来，在滏水岸边扎营，夜里派军队来冲邺县城外的曹军包围圈。曹操反击，赶走袁军，接着要包围袁尚军营，包围圈还没合拢，袁尚恐惧，派原先的豫州刺史阴夔和陈琳来请求投降。曹操不同意，加紧包围。袁尚夜里逃出包围，去守祁山。曹操追击袁尚，袁尚将军马延、张郃等临阵投降，袁军溃散。袁尚逃奔中山。曹操缴获了袁尚的全部辎重，得到了袁尚的印授节钺，让袁尚部下投降的人拿给袁尚家属看，邺县城里人心浮动。八月，审配哥哥的儿子审荣，夜里打开他把守的城东门放进曹操军队，审配反击，败了，活捉了审配，杀了他，邺县平定了。曹操到墓上去祭祀袁绍，痛哭流泪，慰劳袁绍妻子，归还他们家人的宝物，赐给各种丝织品，由官府供给口粮。

当初，袁绍和曹操共同起兵，袁绍问曹操："如果事情不成，那么，什么地区可以据守呢？"曹操说："您的看法呢？"袁绍说："我南面守住黄河，北面守住燕、代，联合戎狄兵力，向南争夺天下，也许可以成功吧？"曹操说："我依靠天下人的才智，用恰当方法去组织、运用他们，没有哪处地方不可以据守。"

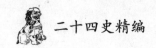

九月，曹操下令说："河北遭受袁氏的灾难，特令不交今年的田租、赋税！"加重惩治豪强兼并贫民的刑罚，百姓很高兴。天子任命曹操兼任冀州牧，曹操辞去兖州牧。

曹操围邺的时候，袁谭攻取甘陵、安平、渤海、河间。袁尚败回中山。袁谭攻中山，袁尚逃奔故安，袁谭于是兼并了袁尚的军队。曹操给袁谭写信，责备他不遵守约定，和他断绝婚烟关系，送回袁谭女儿，然后进军。袁谭恐惧，撤出平原郡逃往南皮县据守。十二月，曹操进入平原郡，平定郡内各县。

十年春正月，进攻袁谭，打败了袁军，杀了袁谭，处死了他的妻子儿女，冀州平定。下令说："跟袁氏办过坏事的，允许改过自新。"下令百姓不许报复私仇，禁止厚葬，违者一律依法制裁。这个月，袁熙大将焦触、张南反叛袁熙、袁尚，并进攻熙、尚，袁熙、袁尚逃奔三郡乌丸。焦触等带着他们所据的县投降，被封为列侯。开始讨伐袁谭时，征发百姓凿冰通船，有的百姓畏惧苦累，逃跑了。曹操下令，以后这些人来归降，不得接受。不久，有的逃亡百姓来军营自首，曹操对他们说："允许你们投降，就破坏了军令；杀了你们，那又是杀认罪自首的人。你们赶快回去藏得隐秘一些，别让官吏抓住。"百姓们流着眼泪离去了。以后，到底还是被抓回来办了罪。

夏四月，黑山贼张燕率兵十几万投降，被封为列侯。故安的赵犊、霍奴等杀幽州刺史、涿郡太守。三郡乌丸攻打驻守犷平的鲜于辅。秋八月，曹操出征，斩了赵犊等人，又渡潞河救狐平，乌丸奔逃出塞。

九月，下令说："偏袒同伙，相互勾结，是古代圣人所痛恨的，听说冀州风俗，即使是父子，也各有帮伙，称颂自己，诽谤对方。以前直不疑本没有哥哥，而世人竟说他和嫂私通，第五伯鱼三次娶的都是没有父亲的孤女，但有人却说他打过岳父；王凤专权拔扈，谷永却把他比作申伯，王商进献忠言，张匡却说他搞左道骗人，这都是以白为黑，欺骗上天蒙蔽君主的行为，我打算整顿风俗，这四种坏行为铲除不尽，就是我的耻辱。"冬十月，曹操回邺县。

当初，袁绍以外甥高干兼并州牧，曹操攻占邺县时，高干投降，就任命他为并州刺史。高干听说曹操讨伐乌丸，就在并州反叛，拘押了上党太守发兵把守住壶关口。曹操派乐进、李典去进攻高干，高干退守壶关城。十一年春十月，曹操征讨高干。高干听说曹操来征，就留下独立活动的将军守城，自己逃进匈奴，向单于求救，单于不接纳。曹操围壶关三个月，攻下了壶关。高干于是向荆州奔逃，被上洛都尉王琰捕获杀掉。

秋八月，曹操东征海贼管承，到达淳于，派乐进、李典打败管承，管承逃上海岛。曹操割出东海郡的襄贲、郯、戚县并入琅邪国，撤销昌虑郡。

三郡乌丸趁天下大乱，攻入幽州，掳掠汉民共计十多万户。

袁绍把他们的首领都立为单于，以百姓的女儿冒充自己的女儿嫁给他们。辽西单于蹋顿强大，受到袁绍优待，所以袁尚兄弟投奔他，他一次次入塞扰乱。曹操准备去征讨蹋顿，就开凿渠道，从呼沱通入泒水，命名为泉州渠，以通渤海。

十二年春二月，曹操从淳于回邺县。丁酉，下令说："我发动义兵讨灭暴乱，到现在共十九年，所征必胜，难道功劳只在于我吗？是贤士大夫的力量啊。天下虽然尚未平定，我将会同贤士大夫一起去平定；但现在我独自享受功劳奖赏，我怎能心安呢？希望加紧评定功劳施行封赏。"于是大封功臣二十多人，都封为列侯。其余的各按等受封。并且为死者的孤儿免除徭役负担。轻重奖赏各有差别。

曹操将北征三郡乌丸，诸将都说："袁尚是一个在逃的贼寇罢了，夷狄贪婪而不讲交情，哪能被袁尚利用呢？现在深入其境去征讨，刘备必然劝说刘表袭击许县。万一事态恶化，后悔都来不及了。"唯独郭嘉料定刘表必不能任用刘备，劝曹操出征。夏五月，到达无终。秋七月，大水泛滥，沿海道路不通，田畴请求当向导，曹操同意了。田畴带领军队出卢龙塞，塞外路断了，无法通行。于是平山填谷五百多里，经过白檀，穿过平冈，到达鲜卑庭，东进柳城。柳城只有二百里了，敌人才发觉。袁尚、袁熙和蹋顿，辽西单于楼班，右北平单于能臣抵之等带领几万骑兵迎战。八月，部队登上白狼山，突然遇上了敌军，敌军声势强大。曹操辎重还在后面，披甲兵士少，都感恐惧。曹操登上高处，望见敌阵不严整，于是挥兵进攻，派张辽为先锋，敌军大崩溃，斩了蹋顿及名王以下首领，胡、汉投降的有二十多万人。辽东单于速仆丸及辽西、北平各个乌丸首领，丢下本族人，和袁尚、袁熙逃奔辽东，只剩有骑兵几千人。当初，辽东太守公孙康凭仗地处偏远，不服从朝廷。等到曹操打败乌丸，有人劝曹操接着去征讨公孙康，袁尚兄弟就可以捉住了。曹操说："我正要让公孙康斩送袁尚、袁熙首级来，不需要麻烦兵士了。"九月，曹操领兵从柳城回返，公孙康就斩了袁尚、袁熙及速仆丸等，送来了首级。诸将中有人问："您回师而公孙康斩送袁尚、袁熙，这是什么原因？"曹操说："他一向畏惧袁尚等人，我紧逼，他们就要合力对我，我放松他们，他们就要自相残杀了，这是必然之势啊。"十一月，到达易水，代郡乌丸行单于普富卢、上郡乌丸行单于那楼带着他们的名王来祝贺。

十三年春正月，曹操回到邺县，开凿玄武池以训练水军。汉朝撤销三公官职，设置丞相、御史大夫。夏六月，以曹操为丞相。

秋七月，曹操南征刘表。八月，刘表去世，其子刘琮接替他职位，屯驻襄阳，刘备屯驻樊城。九月，曹操到新野，刘琮就投降了，刘备逃奔夏口。曹操进军江陵，下令荆州吏民，废除旧制度，实行新规定。紧接着，评论荆州归降者的功绩，封侯的十五个人，以刘表大将文聘为江夏太守，叫他统领本部兵马。邀请任用了荆州名士韩嵩、邓义等人。益州牧刘璋开始接受摊派给他的征调租赋徭役义务，派遣兵卒补给朝廷军队。十二月，孙权为刘备进攻合肥。曹操从江陵出发征讨刘备，到巴丘，派遣张熹救合肥。孙权听说张熹到了，就撤兵而回。曹操到赤壁，和刘备作战，不利。当时又流行瘟疫，死了不少官兵，于是领兵返回。刘备于是占有荆州、江南诸郡。

十四年春三月，曹操领兵到谯，修造轻便船，整训水军。秋七月，从涡水入淮水，出淝水，驻扎合肥。辛未，下令说："最近以来，多次出征，有时还遇到瘟疫，官兵死亡，不能回家，妻子失去丈夫，百姓流离失所，仁慈之人难道高兴这样吗？是不得已啊！现在下令，战死者的家属没有产业不能自己生活的，官府不得断绝食粮供应，主管官吏要抚恤慰问，以称我的心意。"为扬州郡、县委派主管官吏，开辟芍陂地区屯田。十二月，领兵回谯。

十五年春，下令说："自古接受天命开国及中兴的君主，何曾不是得到贤人君子和他共同治理天下呢！在他得到贤才的时候，简直不需要走出里巷，难道是侥幸碰到的吗？只是有时在上位的人不肯去求啊。现在天下还没有平定，这正是求贤之紧要关头啊。'孟公绰担任赵国、魏国的家臣是才力有余的，但不能任命为滕、薛一类小国的大夫。’如果限定只有廉洁的人才可任用，那齐桓公靠谁帮助成为霸主呢！现今天下难道没有身穿粗布陋衣，胸怀超凡见识，而在渭水边钓鱼的姜尚一类人吗？又难道没有蒙受‘私通嫂嫂’恶名，确有接受贿赂事实，并且还没有得到魏无知力荐的陈平一类人吗？希望你们帮助我连最卑微的人也不要漏略，广泛发现人才。只要有才干就荐举，我好选拔任用。”冬季，建造铜雀台。

十六年春正月，天子任命曹操嫡长子曹丕为五官中郎将，设置官属，为丞相副手。太原人商曜等在大陵反叛，派夏侯渊、徐晃包围打败了他们。张鲁割据汉中。三月，派钟繇讨伐他。曹操派夏侯渊等从河东出发与钟繇会师。

这时关中诸将怀疑钟繇将要袭击自己，马超于是和韩遂、杨秋、李堪、成宜等反叛。曹操派曹仁讨伐他们。马超等屯驻潼关，曹操告诫诸将：“关西兵精悍，你们坚守营垒别和他们交战。”秋七月，曹操西征，和马超等隔着潼关驻扎。曹操紧紧牵制住敌军，而暗派徐晃、朱灵等夜渡蒲阪津，占据河西扎营。曹操从潼关北渡河，还没渡过去时，马超急攻渡船，校尉丁斐于是放出牛马引诱贼兵，贼乱取牛马，曹操才得渡过河去，顺着河向南，边筑甬道边推进。贼后退，挡住渭口。曹操就多设疑兵，暗地用船运兵进入渭水。架浮桥，夜里，在渭水南岸分兵扎营。贼夜里攻营，伏兵起来打败了他们。马超等屯扎渭水南岸，派使者请求割让黄河西岸土地以缔结和约，曹操不同意。九月，进军渡渭水，马超等多次挑战，曹操又不应战。马超等又坚持请求割地，请求送来人质以缔结和约。曹操用贾诩计策，假装答应他们。韩遂请求与曹操相见。曹操和韩遂父亲同一年被举为孝廉，又和韩遂本人年龄不相上下，于是马头相接交谈多时，但不涉及军事，只谈京都老友往事，拍手欢笑。谈完以后，马超问韩遂："您和他说了什么？"韩遂说："没说什么。"马超等怀疑不信。另一天，曹操又给韩遂写信，多处涂改，弄得像是韩遂涂改的一样。马超等更加怀疑韩遂。曹操于是和他们定日子会战，先以轻装士兵挑战，交战很长时间，才派出勇猛骑兵夹攻，于是大败敌军，斩了成宜、李堪等人。韩遂、马超等逃奔凉州，杨秋逃奔安定，关中平定。诸将中有人问曹操："当初，贼守潼关，渭水北岸防卫空虚，您不从河东攻冯翊而反守潼关，拖延一段时间后才北去渡河，这是为什么呢？"曹操说："敌据守潼关，如果我进入河东，贼必然分守各个渡口，那样一来，西河就不能渡了。我故意大兵向潼关，贼集中全力防守南部，西河守备空虚，所以两位将军能夺取西河！其后领兵北渡，贼无法和我争西河，那是因为西河已经有了我方两位将军的部队啊。连接兵车树立栅栏，筑甬道掩护着南进，就是要形成敌方不易取胜的态势，又要向敌方故意示弱。渡过渭水后构筑坚固壁垒，敌人来了不出战，为的是助长敌人的骄傲啊。所以贼不筑营垒而要求割地。我顺口答应，为的是顺从他的意思，使他们自己感到安全而不做战争准备。因此我能蓄积士卒战斗力，突然出击，这就是所谓迅雷不及掩耳。兵势的变化，本无固定的格式啊。"起初，贼兵每有一部到达前线，曹操就有喜色，贼兵失败之后，诸将问他一再有喜色的原因，曹操回答："关中地域长道路远，若贼各在一处据险而守，征讨他们，没有一两年不能平定。现在都来集中，他们兵虽多，但谁也不服从谁，军队没有主帅，一仗就可以消灭，取得成功很容易，我为此高兴。"冬十月，军队从长安北征杨秋，围安定。杨秋投降，就恢复了他的爵位，让他留任，安抚当地百姓。十二月，从安定回师，留夏侯渊驻扎长安。

十七年春正月，曹操回到邺县。天子特许曹操朝拜时，司仪宣呼行礼仪式，不须直呼其名；入朝时，不须小步快走；上殿时，可以穿鞋佩剑，就象当年萧何一样。马超残余部队梁兴等屯驻在蓝田，曹操派夏侯渊打败了这支军队平定了地方。割河内郡的荡阴、朝歌、林虑、东郡的卫国、顿丘、东武阳、发干、钜鹿郡的瘿陶、曲周、南和、广平郡的任城，赵国的襄国、邯郸、易阳等县来扩大魏郡。冬十月，曹操征孙权。

十八年春正月，曹操进军濡须口，攻破孙权的江西营地，捉获孙权都督公孙阳，领兵而回。天子下诏，把天下由十四州恢复为九州。夏四月，曹操到邺县。

五月丙申，天子派御史大夫郗虑持节册命为魏公，册文说：

朕由于不修德行，少年时遭遇忧患，先是远迁在西土，后又东迁到唐、卫，在这时候，象缀旒一样任凭别人执持。宗庙没有祭祀，社稷没有确定的位置；许多坏人觊觎皇位，分裂天下。境内百姓，朕不能领有，即使我高祖创建的皇权，也都几乎要坠落在地了。朕因此日夜忧虑，潜心默念："历代祖先啊，先代辅佐大臣们啊，你们谁能怜悯我啊？"因此而感动天心，诞生了丞相，保佑我皇家平安，在艰难中给我皇家巨大帮助，朕于是有了依靠。现在将授予您典法礼仪，希望您恭敬地听我的命令。

先是董卓首先作乱，把国家推进灾难，各位州牧郡守放下本管区域的政务来拯救王室，您引导他们前进，首先进攻敌军，这是您忠于本朝的表现啊。后来黄巾违犯天道，侵扰我三州，祸乱连及百姓，您又打败他们，安定了东夏。这又是您的功劳啊。韩进、杨奉专擅朝政您就讨伐他们，消除他们制造的灾难。把朝廷迁到许都，建造京城重地，设置官府，开始祭祀，不遗弃应有的典礼制度，天地鬼神于是获得安宁。这又是您的功劳。袁术僭称帝号，在淮南胡作非为，但畏惧您的神威，您运用伟大英明谋略，蕲阳战役，桥蕤被杀，威势南指，袁术毙命，党羽溃散。这又是您的功劳。回师东征，吕布正法，战车将返，张杨丧命，眭固伏罪，张绣来降，这又是您的功劳。袁绍叛逆扰乱天道，阴谋颠覆社稷，凭恃他兵多，发动军队进犯朝廷，当这时候，国家兵力薄弱，上下恐惧，谁也没有坚定信心，您坚守保卫朝廷的大原则，精诚感动上天，发挥您的武威，运用您的神妙策略，亲临官渡，大歼叛贼。把我国家从危亡中拯救出来，这又是您的功劳。挥师渡大河，开拓疆域，平定四州，袁谭、高干，都被杀头，海盗奔逃，黑山归顺，这又是您的功劳啊。三支乌丸，两世作乱，袁尚投奔他们，占据塞北，威胁中原，您包裹马脚，挂牢车子，以防跌滑，穿隘过险，一战就消灭了他们，这又是您的功劳啊。刘表违抗朝廷，放纵胡为，不履行自己义务，王师出发，威风先到，百城八郡，屈膝投降，这又是您的功劳啊。马超、成宜，狼狈为奸，占据黄河、潼关，企图作恶逞凶，您在渭南把他们打垮，献上首级万颗，接着平定边境，安抚戎、狄并与他们和好。这又是您的功劳啊。鲜卑、丁零通过几层翻译也来朝见，单于白屋也愿意臣服，愿意纳贡，这又是您的功劳啊。您有平定天下之大功，又有完美之德性，您理顺全国上下的社会政治秩序，倡导美好风俗，普遍而辛勤地施行教诲，顾惜民命，审慎处理刑狱，官吏不施残暴，百姓不怀恶意，诚恳地尊崇帝族，显扬、接续中断的封爵，以前有功有德的人，没有谁没有得到应有的安排。虽然伊尹功勋上感皇天，周公业绩光照四海，也赶不上您。

朕听说先王都分封德高功大的人为诸侯，赐给他们土地，分给他们人民，增高他们的荣誉，完备他们用以显示特权的礼器，为的是让他们能保卫王室，辅佐朝廷。周成王时，管叔、蔡叔作乱，平定叛乱以后，吸取叛乱教训，想念有功之臣，于是派邵康公向齐太公授权：在东到海，西到河、南到穆陵、北到无棣的范围之内，大小诸侯有过错，齐太公都有权征讨。把这权利世世赐予太师，使齐成为显赫于东方的大国。到襄王时，也有楚人不对周王尽义务的事发生，又命令晋文公担任侯伯，赐予他二辂、虎贲、铁钺、秬鬯、弓矢，开辟南阳大片土地，世世代代做诸侯盟主。所以周室未能灭亡，就是因为有二国可以依赖。现在您发挥大德，保卫朕的安全，顺应天命，发展大业，平定全国，没有谁不服从，功劳比伊尹、周公还高，而奖赏比齐、晋要低，朕很惭愧。我是一个渺小的人，高居万民之上，常想做皇帝的艰难，就像走近了深渊，就像在薄薄的冰面上行走，不是您帮我走过去，我没有人可以依靠。现在以冀州的河东、河内、魏郡、赵国、中山、常山、钜鹿、安平、甘宁陵、平原共十郡，封您为魏公。赐予您黑红色的土，以白茅包上，您可以去占卜吉日，建您魏国的社稷。过去在周朝时，毕公、毛公身有封国但又入朝任辅佐周王的卿，周公、召公以朝廷太师太保身份出朝兼为诸侯之伯，这种朝内朝外的重任，您都能同时担当起来。我命令您以丞相身份兼任冀州牧像原来一样。再加赐您九锡，希望您听从我的命令。考虑到您筹建制度，为人民提供行动规范，使民安居乐业，没有二心，因此赐予您大辂、戎辂各一辆，黑红色的马八匹。您鼓励农业，农民耕作努力，粮食丝帛都有积存，国家事业因而兴盛，因此赐予您衮服冕服，再配上一双赤舄。您提倡谦让，并使人民实际去做，因而年龄大年龄小的都讲礼貌，社会上下一片和谐，因此赐予您轩悬之车，六佾之舞。您辅佐朝廷发扬汉朝风俗教化，直达四方，使远方民族改变精神面貌，中原精神生活更加充实，因此赐予您用朱红颜色漆门的特权。您深明道理，思念皇帝的困难，把有才能的人任用为官，把善良的人都提拔起来，因此赐予您在殿前纳陛的特权。您执掌国家大政，保持严肃公正不偏不倚态度，即使一点点小的坏人坏事，都不会不加压制、放逐，因此赐予您虎贲战士三百人。您严格按国家法律办事，揭露犯罪行为，触犯国法的，没有谁能逃脱惩处，因此赐予您铁和钺各一件。您高瞻远瞩，明察八方，周密地讨伐逆贼，平息全国的叛乱，因此赐予您彤弓一张，彤矢百支，秬铁弓一张，旅矢千支。您以温和恭敬为根本，孝顺友爱为美德，明智公平忠厚诚实，深深感动了我，因此赐予您秬鬯一卣，配上圭瓒。魏国设置丞相以下各种官职，都和汉初诸侯王的制度一样。慎重啊，您要大范围地普遍地关怀您的臣民，辅助他们做好各种事务，用这些行动来完成您的伟大功德，报答、颂扬我高祖传留下来的美好天命。

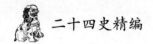

秋七月，开始建立魏国的社稷宗庙。天子聘曹操的三个女儿为贵人，岁数尚幼的，就暂且留在魏国等待结婚年龄的到来。九月，建造金虎台，凿渠引漳水进入白沟以通达黄河。冬十月，分魏郡为东西部，设置都尉管辖。十一月，开始设置尚书、侍中、六卿官职。

马超在汉阳，又联合羌、胡作乱，氐王千万反叛朝廷响应马超，在兴国驻兵。曹噪派夏侯渊讨伐马超。

十九年春正月，曹噪开始举行"耕籍田"礼。南安赵衢、汉阳尹奉等讨伐马超，斩杀马超妻子、儿子，马超逃奔汉中。韩遂转徙到金城，又进入氐王千万的部落，率领羌、胡一万多骑兵和夏侯渊交战，夏侯渊出击，大败韩遂，韩遂逃奔西平。夏侯渊和诸将攻兴国，屠杀兴国军民。此后撤销了安东、永阳郡。

安定太守毋丘兴将去赴任，曹噪告诫他说："羌、胡想和中国交往，自然会派人来联系，你千万不要先派人到羌、胡中去联系。善良人难找到，不善良人一定会教羌、胡乱提要求，他们乘机从中取利。不听从要求，就错失了羌、胡求好的美意，听了要求则对事情没有好处。"毋丘兴到任，派遣校尉范陵进入羌中，范陵果然给羌人出主意，叫他们自己提出，要当属国都尉。曹操说："我预先就知道会出这样事了，并非我聪明，是我经历的事情多而已。"

三月，天子命令把曹操位次排列在诸侯王的上面。改授金玺、赤绂、远游冠。

秋七月，曹操出征孙权。

当初，陇西宋建自称河首平汉王。在枹罕聚集部队，改纪元，设置百官，三十多年。曹操派夏侯渊从兴国出发去征讨。

冬十月，屠杀枹罕军民，斩宋建，凉州平定。曹操从合肥返回。

十一月，汉皇后伏氏，过去因给她的以前任过屯骑校尉的父亲伏完写信，信中说皇帝因为董承被杀而怨恨曹操，语句恶毒，事情被人揭发，因此获罪。皇后被废黜杀死，皇后兄弟也被杀死。

十二月，曹操到孟津。天子命令曹操在出行仪仗队中配备旄头骑兵，宫殿中设备钟虡。已未，曹操下令说："一般地说，品行好的，未必能有所作为，有所作为的，未必品行好。陈平难道厚道，苏秦难道守信吗？但陈平奠定了汉朝基业，苏秦扶助了弱小的燕国。这样说来，士人有缺点，能废弃不用吗？主管部门要是明白这个道理，那么贤士就不会被遗漏丢弃，官府也就不会耽误工作了。"又说："一般说来，刑律，是百姓的生命线啊。但军中负责刑律的，有时不是合适人选，就这样把三军生死大权交给他，我很害怕。希望选择明白法律道理的人，让他主持刑法事务。"于是，设置理曹掾属。

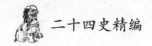

二十年春正月，天子立曹操二女儿为皇后。撤销云中、定襄、五原、朔方郡，在每郡原来辖区设置一个县，管理当地居民，合并原四个郡为一个新兴郡。

三月，曹操西征张鲁，到陈仓，将要从武都进入氐。氐人挡住道路。曹操先派出张郃、朱灵等打败了氐人。夏四月，曹操从陈仓出散关，到河池。氐王窦茂兵有一万多人，凭仗有险可守，不投降。五月，曹操进攻并屠杀了氐人。西平、金城诸将麹演、蒋石等人共同斩了韩遂首级送给曹操。秋七月，曹操到阳平。张鲁派弟弟张卫和将军杨昂等据守阳平关。在山腰筑城十多里，曹操攻不破，于是带兵回撤。贼见大军后退，守备就松解了。曹操趁机秘密派遣解𢍰、高祚等穿越险要地段，在夜间发起进攻，大败张鲁军队，斩了张鲁将领杨任。进攻张卫，张卫在黑夜中逃走。张鲁军队溃散，逃往巴中。曹操军队进入南郑，全部缴获了张鲁库藏的珍宝。巴和汉地区全都归降。把汉宁郡恢复为汉中郡，分出汉中郡的安阳县、西城县组成西城郡，设置太守。分锡、上庸为上庸郡，设置都尉。

八月，孙权围合肥，张辽、李典打败了他。

九月，巴人七姓戎王朴胡、賨邑侯杜濩带巴夷、賨民来归附。于是分开巴郡，以朴胡为巴东太守，杜濩为巴西太守，都封为列侯。天子命令曹操可以秉承皇帝旨意分封诸侯，任命太守、国相。

冬十月，开始设置名号侯到五大夫，连同旧有的列侯，关内侯，共六等，用于奖赏军功。

十一月，张鲁从巴中带着残余兵力来投降。张鲁和五个儿子都被封为列侯。刘备袭击刘璋，夺取益州，接着占有巴中。曹操派张郃去攻打刘备。

十二月，曹操从南郑返回，留夏侯渊驻扎汉中。

二十一年春二月，曹操回邺。三月壬寅，曹操亲耕籍田。夏五月，天子把魏公进爵为曹操。代郡乌丸行单于普富卢和他部下的侯王来朝。天子下令让魏王女儿称公主，享受汤沐邑。秋七月，匈奴南单于呼厨泉带着部下名王来朝，魏王用客礼接待他，接着把他留在魏国，派右贤王去卑监匈奴国。八月，魏王以大理钟繇为相国。冬十月，魏王整训部队，接着出发征讨孙权，十一月，魏王到谯县。

二十二年春正月，魏王驻扎居巢。二月，进军驻扎江西郝溪。孙权在濡须口筑城拒守，于是魏王进逼攻打，孙权后退逃走。三月，魏王带兵回返，留夏侯惇、曹仁、张辽等驻屯居巢。

夏四月，天子命令魏王设置天子旌旗，出入称警跸。五月，建造泮宫。六月，魏王以军师华歆为御史大夫。冬十月，天子命令魏王冕上悬垂十二枚旒，乘坐金根车，驾六匹马，配设五时副车。以五官中郎将曹丕为魏国太子。

二十三春正月，汉太医令吉本和少府耿纪，司直韦晃等造

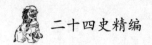

反，进攻许都，烧丞相长史王必的军营，王必和颍川典农中郎将严匡攻杀了吉本等人。

曹洪打败吴兰，杀死吴兰将领任夔等人。三月，张飞、马超逃往汉中，阴平氐人强端杀了吴兰，把首级送给朝廷。夏四月，代郡，上谷乌丸无臣氐等人反叛，魏王派遣鄢陵侯曹彰去打败了他们。

六月，下令说："古代埋葬死者，一定要找瘠薄的地去埋。现命令划出西门豹祠西边原上的一片地，来建造我的寿陵，就用原地高度为基点，不堆坟丘，不栽树为标志。《周礼》冢人掌管公墓土地，凡是诸侯都葬在王墓左右两侧的前方，卿大夫在后方。汉朝制度也叫做陪陵。现决定有功的公卿大臣列将，死后陪葬我的寿陵。把寿陵墓地规划得广阔一些，让陪葬的容纳得下。"

秋七月，魏王训练部队，接着西征刘备，九月，到长安。

冬十月，宛县守将侯音等人造反，逮捕南阳太守，掳略官民，据守宛县。在二十四年春正月，曹仁屠杀宛县军民，杀了侯音。

夏侯渊与刘备在阳平交战，被刘备所杀。三月，魏王从长安出发，经过斜谷派军队占据了军事要地，进军汉中，接着又到阳平。刘备据险抵抗。

夏五月，魏王带兵回长安。秋七月，魏王以夫人卞氏为王

后。魏王派于禁帮助曹仁进攻关羽。八月，汉水泛滥，淹了于禁军队，于禁军队全部溃散，关羽捉了于禁，接着包围曹仁。魏王派徐晃救曹仁。

九月，魏相国钟繇因为西曹掾魏讽造反而获罪，被免职。冬十月，魏王大军回洛阳。孙权送来书信，愿以讨伐关羽作为对朝廷的报效。魏王从洛阳南征关羽，还未到前线，徐晃已经打败了关羽，关羽逃走，曹仁被解围，魏王驻扎摩陂。

二十五年春正月，魏王到达洛阳，孙权杀关羽，把关羽首级传送给朝廷。

庚子，魏王在洛阳去世，年龄是六十六岁。留下遗令说："天下还没安定，还不能够一切遵从古代礼制办事。埋葬以后，全部除去孝服。那些带兵驻扎戍守的，都不许离开驻屯地。各部门官吏照常做自己的本职事情。用现在流行穿用的服装装殓，不要陪葬金玉珍宝"。魏王被谥为武王。二月丁卯，葬于高陵。

鞠躬尽瘁　死而后己——诸葛亮

诸葛亮，字孔明，琅邪郡阳都县人，汉朝司隶校尉诸葛丰的后代。父亲名珪，字君贡，汉末任太山郡丞。诸葛亮自幼丧父，叔父诸葛玄是袁术任命的豫章太守，诸葛玄携带诸葛亮和诸葛亮弟弟诸葛均去赴任。恰逢汉朝改派朱皓取代诸葛玄。诸

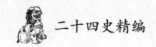

葛玄一向和荆州牧刘表有交往，就去投奔刘表。诸葛玄死后，诸葛亮亲自参加农田耕种，喜吟《梁父吟》。身高八尺，常自比与管仲、乐毅相提并论，当时人没有谁赞成他的自我评价。只有和诸葛亮友好的博陵崔州平，颍川徐庶元直，认为诸葛亮的自我评价符合实际。

当时先主（刘备）屯驻新野，徐庶拜见先主，先主器重徐庶。徐庶对先主说："诸葛孔明，是条卧龙，将军是否想要见他？"先主说："您陪他一块来吧。"徐庶说："此人只能去拜见，不能委曲他来拜见将军。将军应当委曲自己前去拜见他。"于是先主就去拜见诸葛亮，先后去了三次，才见到。于是屏退其他人，对诸葛亮说："汉朝陷入危机，奸臣窃取了大权，皇帝流离失所。我不考虑自己的品德能力，想在全天下伸张大义，可是智慧和办法不够，因此遭受挫折，直到今天。但我志向还没放弃，您说如何是好？"诸葛亮回答说："从董卓以来，豪杰并起，地跨几个州几个郡的，多得数不过来。曹操和袁绍相比，名声小，兵力少，但曹操终能打垮袁绍，变弱为强，这不仅时机碰得好，也是人的谋略强啊。现在曹操拥兵百万，挟持了天子，以天子名义号令诸侯，这的确不能和他正面冲突了。孙权占有江东，已历三代，地势险要，人民拥护，贤士能人愿为他效力。这支力量可结为外援，而不能去并吞。荆州北面有汉水沔水可供据守，远接南海的广阔地域可以提供丰盛财源，东与吴会相连，西面通达巴蜀，这是兵家必争之地，但它的主人没有能力来守护。这可能是老天为将军提供的，将军有意吗？益州地形险要，肥田沃土上千里，是座物产富饶的天然仓库，高祖凭借它建成了帝业。刘璋昏暗，北受张鲁威胁，境内人口众多，财源充沛，但不懂得关怀体贴民众，有智慧有才干的人希望得到贤明君主。将军既是皇室后代，信义天下皆知，多方招求英雄，思慕贤才如饥如渴，如能跨有荆、益两州，守住险要，西面和各支戎人和好，南面安抚夷越各族，对外和孙权建立友好关系，对内改进政治，天下形势一有变化，就派一员上将率领荆州兵力进军宛、洛，将军亲自率领益州兵力出击秦川，百姓有谁敢不用篮子盛饭，用壶装酒欢迎您的部队呢？如果真像这样了，那就可以完成霸业，汉朝就可复兴了。"先主说："说得好！"于是和诸葛亮一天比一天友好亲密起来。关羽、张飞等不高兴，先主向他们解释说："我有了孔明，就像鱼得了水一样，希望你们各位不要再说什么了。"关羽、张飞于是不复议论。

刘表长子刘琦，也非常器重诸葛亮。刘表听了后妻的话，爱小儿子刘琮，不爱刘琦。刘琦常想和诸葛亮研究自保安全的办法，诸葛亮总是拒绝，不给他出主意。刘琦于是领诸葛亮游览后花园，一同登上高楼。喝酒时，叫人把楼梯撤了，然后对诸葛亮说："现在上不连天，下不连地，话从你口中出来，只

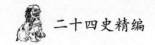

进我的耳朵，可以说了吗?"诸葛亮说："您没看到申生在内遭遇了灾祸，重耳在外获得了安全吗?"刘琦领悟其中含意，暗地谋划去外地任职的办法。正巧黄祖死了，有了外出任职的机会，就当了江夏太守，不久刘表死去，刘琮听说曹操来攻荆州，就派去使者请求投降。先主在樊城听说了，率领部下向南走，诸葛亮和徐庶都随行，被曹操追上来击溃，俘虏徐庶之母亲。徐庶向先主告辞，指着心说："本来想和您一起创建王霸大业的，是这一小块地方，现在失去了老母，这小块地方乱了，不能再对事情有所帮助了，请允许我从此和您分别。"于是就到曹操那里去了。

先主到达夏口，诸葛亮说："事情紧急，请派我去向孙将军求救。"当时孙权带兵驻扎柴桑，观望成败。诸葛亮劝孙权说："天下大乱，将军起兵占有了江东，刘豫州也在汉南招募军队，和曹操争夺天下。现在曹操大敌已破，基本控制了北方局势，接着又击破荆州，威镇四海。英雄无用武之地，所以刘豫州逃到这里。希望将军量力而行。如果能凭借吴、越兵力和中原对抗，不如早点和曹操决裂；如果不能抵挡，为什么不放下刀枪卷起盔甲，屈膝投降称臣呢! 现在将军表面装作服从，内心仍在犹豫，事情紧急而不下决断，大祸就要降监了。"孙权说："如果像您说的这样，刘豫州为什么不干脆投降他呢?"诸葛亮说："田横只不过是齐国一个壮士罢了，还坚守原则不屈辱投降呢，更何况刘豫州是王室后代，英才盖世无双，众多贤士思慕敬仰他就像水归大海一样？如果事情不成功，那是天意，怎么能向曹操投降称臣呢？"孙权激动地说："我不能拿全吴土地十万大军，交给别人控制。我考虑定了！不是刘豫州，没有谁可以抵挡曹操。但豫州新败，能担当起这重任吗？"诸葛亮说："豫州军队虽在长阪战败，现在从战场回来的战士加上关羽精锐水军有一万人，刘琦会合江夏战士也不下万人。曹操军队，远来疲劳，听说追击刘豫州时，轻骑一天一夜行三百多里，这就是所谓的'强弩之末其势不能穿鲁缟了。'所以兵法上禁止这样进军，说'必定会导致主帅的失败。'加上北方人不习惯水战，还有荆州民众归附曹操，是曹操用军事力量威逼的结果，不是心服。现在将军果真能派遣猛将带几万军队和豫州同心协力，则打败曹操，必定无疑。曹操失败，必然退回北方，如此则荆、吴势力增强。鼎足三分局面就确立下来了。成败关键，看您今天的决定。"孙权非常高兴，就派周瑜、程普、鲁肃等水军三万人，随诸葛亮去见先主，合力抵抗曹操。曹操在赤壁战败，带兵回返邺城。先主于是占领江南，以诸葛亮为军师中郎将，让他督察零陵、桂阳、长沙三郡事务，征调三郡赋税，供应军需。

建安十六年，益州牧刘璋派法正迎接先主，要先主攻打张鲁。诸葛亮和关羽镇守荆州。先主从葭萌出发回师攻击刘璋，诸葛亮与张飞、赵云等率兵溯江而上，分头平定郡县，和先主合围成都。成都攻克，以诸葛亮为军师将军。署左将军府事。先主外出，诸葛亮常镇守成都，确保钱粮足用，兵力充实。二十六年，部下劝先主称皇帝，先主没答应。诸葛亮劝说道："当年吴汉、耿弇等开始劝世祖称皇帝，世祖辞让，劝说好几次也没答应。耿纯对世祖说：'天下英雄敬仰归向您，把希望寄托到您身上了，如果您坚持不听从大家建议，士大夫们就各自转回去另找主人，没有必要再跟从您了。'世祖被耿纯真挚深刻的谈话感动了，就接受了大家的建议。现在曹氏篡夺了汉朝政权，天下无主，大王是刘氏后裔，是为了延续刘氏帝统才奋起斗争的，现在接受帝号，是理所当然之事。士大夫随大王长期辛苦，也是想建点小功，如耿纯所说的那样。"先主于是即位为皇帝，任命诸葛亮为丞相，任命书说："朕遭遇家族不幸，恭敬地承接了帝位，小心谨慎，不敢安逸，希望丞相诸葛亮了解朕的意思，不要放松弥补朕的不足，帮助朕发扬伟大的汉室光辉，以照明天下。希望您努力啊。"诸葛亮以丞相录尚书事，假节。张飞死后，诸葛亮兼司隶校尉。

章武三年春，先主在永安病重，把诸葛亮从成都召去，托付后事。对诸葛亮说："您的才能是曹丕的十倍，必能安邦定国，最终完成统一大业。如果太子可以辅佐，就辅佐他，如果他不成才，您可以取而代之。"诸葛亮流着泪说："我一定竭尽全力辅佐，坚守忠贞原则，一直到死。"先主又写一份诏书告诫后主："您和丞相共事，要把他当父亲一样看待。"建兴元年，封诸葛亮为武乡侯，设立丞相府署办理政务。不久，又兼益州牧。政事不分大小，皆由诸葛亮决定。南中地区各个郡，全都叛乱了，诸葛亮因为新遭国丧，所以没有马上派兵镇压。暂且先遣派使者出访东吴，趁便建立和平友善关系，进而结成盟国。

三年春，诸葛亮领兵南征，当年秋天全都平定，南中能提供军事物资，国家因而逐渐富饶。于是整军练武，等待机会出兵伐魏。五年，率领各路大军北驻汉中，出发前，给皇帝呈上奏疏说：

先帝创建大业未半而中途逝世了，如今天下三分，益州困难重重，这确实是危急存亡的关键时刻。但侍卫大臣在朝廷依然兢兢业业，毫不懈怠；忠诚将士在疆场依然英勇奋战，不顾个人安危，这是因为他们追念先帝的特殊恩惠，想向陛下报答啊。陛下应当广泛听取意见，以发扬先帝遗留的美德，进一步振奋志士们的精神，不应该无缘无故看轻自己，用不恰当的借口去堵塞臣下进献忠谏的途径。皇宫和丞相府的臣僚是一个整体，赏罚褒贬，不应当标准不同。如果有作恶犯法和尽忠行善的，应该交付主管官吏研究奖惩，以显示陛下处理国事的公正严明。不应该对谁偏袒，使宫内宫外有不同准则。侍中、侍郎

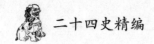

郭攸之、费祎、董允等，这些都是善良诚实人，心怀忠贞思想纯洁，所以先帝选拔出来遗留给陛下。我认为宫里的事，不论大小，全都听取他们意见，然后施行，必定能减少缺漏，增强效果。将军向宠，性格温和善良，办事公正，通晓军事，以前试用过他，先帝称赞他"有才能"，所以大家讨论推举他为中部督。我认为军营中的事全都听取他的意见，必能使将士和睦，各种人才都各得其所。亲近贤臣疏远小人，这是前汉兴隆的原因；亲近小人疏远贤臣，这是后汉衰落的原因，先帝在世时，常和我议论这些事，没有一次不对桓、灵时的情况深感遗憾。侍中、尚书、长史、参军，这些都是忠贞善良宁死也要坚持原则的人，希望陛下亲近他们信任他们，这样，汉室的兴盛就不花用很多日子了。

我本是平民百姓，在南阳亲身从事耕作，只想在乱世里勉强保全性命，并没想在诸侯间扬名做官。先帝不在乎我低贱鄙陋，他降低身份，三次到草屋中来看望我，征询我对当世的看法，我从而受到感动，就答应追随先帝奋斗。后来遭遇失败，在军事溃退中接受重任，在艰难危险时奉命出使，从那以来已经二十一个年头了。先帝知道我谨慎，所以临终把大事托付给我。接受托付以来，日夜忧虑，唯恐托付的事不能实现，伤了先帝知人之明。所以五月里渡涉泸水，深入荒凉地带。现在南方已经平定，兵力已经充足，应该鼓舞、率领三军，北进平定中原。希望能竭尽我平庸的才能，扫除奸邪恶人，兴复汉朝，返回旧都，这是我报达先帝和效忠陛下的职责啊。

至于斟酌内政，除弊兴利，尽忠劝谏，那是攸之、祎、允的职责。希望陛下把消灭贼寇兴复汉朝的成效托付给我，不见成效，就治我的罪，报告先帝在天之灵。责备攸之、祎、允的怠慢，公布他们的过错。陛下也应当自己多加考虑，访询安邦治国的好办法，考察接纳正确意见，深入追念先帝遗诏。我承受大恩无限感激，现在就要远离陛下了，面对这份表章，不禁落泪，不知自己说了什么。

于是率军出发，屯驻于沔阳。

六年春，扬言经由斜谷道进攻郿县，派赵云、邓芝以作疑兵，占据箕谷，魏大将军曹真带兵抵挡赵云、邓芝。诸葛亮亲领各路兵马攻祁山，队伍整齐，赏罚严肃，号令分明，南安、天水、安定三郡反叛魏国响应诸葛亮，关中为之震动。魏明帝西行坐镇长安，派张郃抵挡诸葛亮，诸葛亮派马谡督领各路大军前行，和张郃战于街亭。马谡违背诸葛亮部署，行动失当，被张郃打得大败而归。诸葛亮迁徙西县居民一千多家回到汉中。杀掉马谡，以向将士承认错误。上疏说："我以微薄才能，占据了不应占有的高位，亲任统帅，整训三军，没能讲清制度，严明法规，没能临事警惕慎思，所以出现街亭违背部署的错误，箕谷戒备不周的过失，错误都在于我任人不当。我缺乏知人之

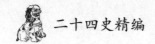

明，考虑事情多有不明之处。《春秋》有追究主帅责任的原则，根据我的职务，应当承当责任，请允许我自己降职三级，以惩罚我的罪过。"于是以诸葛亮为右将军，代行丞相职务，所管辖事务同往常一样。

冬季，诸葛亮又从散关出击，包围陈仓，曹真率军抵挡。诸葛亮军粮用尽，只好后撤，魏将王双率骑兵追击，诸葛亮与他交战，打败了他，斩了他。七年，诸葛亮派陈式攻武都、阴平，魏国雍州刺史郭淮率兵想进击陈式，诸葛亮亲自进到建威，郭淮退回，于是平定了武都、阴平两郡。后主给诸葛亮下诏书说："街亭战役，罪在马谡，而您把罪责加在自己身上，深深贬低自己。我不便违背您的心意，听从了您的要求。前年出兵，斩了王双，今年出征，郭淮遁逃，招降氏、羌，收复两郡，威镇残暴敌人，功勋卓著。现在天下还不安定，首恶尚未铲除，您肩负重任，主持国家大事，却长久自我贬低压制，这不是光大弘扬兴复大业的办法，现在恢复您的丞相官职，希望您不要推辞。"

九年，诸葛亮取道祁山出击，用木牛运输，军粮用尽只好退兵。和魏将张郃交战，射死张郃。十二年春，诸葛亮统率全部大军由斜谷出兵，用流马运输，占据武功的五丈原和司马宣王对峙于渭水南岸。诸葛亮常担忧军粮供应不上，使自己大志不能实现，所以就分出军队就地屯田耕种，作为长久驻扎的基础，屯田士兵散住在渭水沿岸居民之间，而百姓安居，军队不扰民自利。相持百余日，当年八月，诸葛亮患重病，在军营中逝世。年龄是五十四岁。军队撤退以后，宣王巡察诸葛亮的营垒故址，说："真是天下奇才啊！"

诸葛亮临终嘱咐，把他葬在汉中定军山，依山造坟，墓坑仅能放下棺枢，就以当时的服装入殓，不用殉葬品。后主下诏书说："您兼具文武才能，明智、忠厚、诚实。接受托孤遗诏，匡正辅佐朕，接续中断的汉朝，兴复衰落的皇室，志在平定大乱。于是您整顿军队，没有一年不出兵征讨，英武神奇，威镇八方。即将为第三次崛起的汉朝建立特殊功勋，建立可与伊尹、周公媲美的功勋，老天为什么不施仁慈，事情接近完成，却患病去逝！我为此非常伤心，心肝像碎裂一样难受。尊崇美德，评定功勋，条列事迹，议定谥号，为的是让您的光辉照耀后世，让您青史留名永垂不朽。现在派遣使持节左中郎将杜琼，赠您丞相武乡侯印绶，谥您为忠武侯，魂如果有灵，您将因获得这份荣誉而高兴。唉，伤心啊！唉，伤心啊！"

起先，诸葛亮自己上表给后主说："成都我家有桑树八百棵，薄田十五项，我后代的穿衣吃饭，会有富余。至于我在外任官，没有别的开支，随身衣食，全由官府供给。我不再另外经营产业，增加少许财富。到我死的时候，不让家中、任上有多余财物，而辜负陛下恩德。"到他死时，仍是如此。